Moi,
ministre de
l'Enseignement

Merci d'avoir acheté ce livre et ainsi de soutenir le secteur de l'édition.

renaissance du livre

Moi, ministre de l'Enseignement
Frank Andriat

Renaissance du Livre
Avenue du Château Jaco, 1 - 1410 Waterloo
www.renaissancedulivre.be

COUVERTURE : APLANOS
MISE EN PAGES : CW Design
IMPRIMERIE : V.D. (TEMSE)

ISBN : 978-2-507-05248-5
DÉPÔT LÉGAL : D/2014/12.763/36

FRANK ANDRIAT

Moi, ministre de l'Enseignement

renaissance du livre

Aujourd'hui, plus sans doute que jamais au cours de notre histoire, nous sommes face à une bifurcation : d'un côté la voie facile de la domination de quelques-uns sur la multitude des démunis – une société fondamentalement esclavagiste, efficace, ordonnée, mais où presque la totalité des hommes vivront sans espoir –; de l'autre, le chemin escarpé, périlleux, d'une recherche de l'égalité entre tous les membres de l'espèce, la construction jamais achevée d'une société où tous les hommes se sentiront chez eux partout sur la Terre des Hommes.

La barbarie ou la démocratie, il faut en décider aujourd'hui.

Albert **JACQUARD**,
J'accuse l'économie triomphante.

À celles et à ceux qui m'ont donné
envie d'écrire ce livre.

Désolé et merci !

L'école mérite mieux qu'un pamphlet.

Marie-Martine SCHYNS

Lors de sa parution en 2013, *Les profs au feu et l'école au milieu* a eu l'effet d'une bombe dans les milieux de l'enseignement. Les médias ont joué leur rôle de chambre d'écho, donnant à certains l'occasion de présenter, souvent sans nuance, « le livre coup de poing d'un prof en colère ». Je le concède volontiers, tout au long des dix commandements caustiques de mon pamphlet, je n'ai ni fait dans la dentelle, ni ménagé les pédagogues et les politiques, pour ne citer qu'eux.

Un livre plus nuancé n'aurait pas bénéficié de ce retentissement médiatique. Dès sa parution, les télévisions et les radios se sont bousculées dans l'espoir de recueillir le témoignage du petit prof pourfendeur de pédagogues et de ministres. J'ai couru d'un studio à l'autre, invité à autant de duels et de confrontations toujours rapides et superficielles. C'est la loi des médias audiovisuels. Au cours de ces interviews minute, on attendait de moi qu'en quelques phrases, je rende aux professeurs leur aura perdue. Que de quelques coups de baguette, je règle tous les problèmes de l'enseignement.

Sincèrement, je n'avais pas anticipé un tel déluge de réactions, d'émotion et de provocations. Pour les uns, le gentil professeur-écrivain pour adolescents s'était mué en vilain atrabilaire aigri. Un indésirable que certaines directions d'école hésitaient désormais à inviter ! D'autres m'ont gratifié de solides « couilles de taureau » : enfin, quelqu'un osait publier ce que tant d'enseignants pensaient sans le dire. Certains, ignorant manifestement les réalités du monde de l'édition en Belgique, ont même affirmé que j'avais rédigé ma diatribe par appât du gain ! J'en ai entendu et vécu des vertes et des pas mûres. Quelle expérience !

Après le mois de folie médiatique accompagnant la rentrée scolaire, le monde est soudain passé à autre chose. Aux oubliettes le problème, chassé l'espoir de solution : on se remit à zapper d'une nouvelle à l'autre sans chercher de sens. Quelle leçon de vie ! Où va ce monde qui galope de plus en plus vite, usant les porte-parole les uns après les autres ? Quel avenir pour un monde qui ne prend plus le temps de se poser, d'analyser et de déterminer le cap à tenir ?

J'ai reçu des centaines de messages et de témoignages plus poignants les uns que les autres. Bouleversants, souvent. Je tiens à remercier tous ceux qui m'ont adressé leurs marques de soutien et de sympathie, ces enseignants blessés dans leur métier qui m'ont confié que mon livre leur avait donné envie de reprendre leurs classes. Je leur avais, me disaient-ils, rappelé leur fierté et leur envie, leur besoin de travailler bien, loin des diktats de toutes sortes. Qu'ils soient assurés de ma gratitude pour leur confiance, pour ces tranches de vie partagées, fleuries d'émotion et de gentillesse.

D'autres ont été moins tendres. Quelques-uns ont été odieux, lamentables. Ne l'avais-je pas cherché ? Je profite de ce livre pour rappeler ce qui me semble évident : mon objectif n'était pas de blesser qui que ce fût. Aucune attaque personnelle au menu, c'est un système, un état d'esprit que je visais. Je suis désolé que certains aient pris pour eux mes formules à l'emporte-pièce. Comme cette « mérule » qui m'est revenue comme un boomerang ! Pauvres pédagogues de terrain que je n'avais pas pris soin de dissocier de leurs collègues en chambre, qui réinventent l'école à coups d'idées folles !

Ce premier volet m'a permis d'aller à la rencontre de ces personnes, de leurs étudiants et de leurs collègues et de voir comment ils tentent d'améliorer la situation, de construire l'école au quotidien, à partir de la base et à mille lieues des technocrates qui, à l'abri de leur bureau, tracent le chemin de croix des professeurs et de leurs élèves.

Pardon d'avoir blessé des personnes qui, comme mes collègues et moi-même, sont des artisans de l'essentiel et qui, sans (trop) jargonner, réfléchissent à l'école et à ses mutations dans une société de plus en plus folle. Merci à eux de m'avoir tendu la main et de m'avoir proposé de mieux les connaître : ils ont enrichi ma réflexion dans un esprit sincère de partage et de dialogue. De Bastogne à Loverval, de Louvain-la-Neuve à Bruxelles, d'Arlon à Liège, aux quatre coins de la Wallonie, j'ai rencontré des gens extraordinaires à qui je rends hommage.

Un livre est magique : il circule partout, suscite des réactions, crée des polémiques, ouvre parfois à des réponses. Il invite aussi à la rencontre. Librairies, bibliothèques et écoles m'ont invité à débattre et m'ont ainsi permis de croiser des personnes étonnantes : des noms me viennent en tête, des visages, des sourires… Certains me voyaient porte-parole des professeurs, voire futur ministre, d'autres m'ont proposé de créer un mouvement de protestation, de me seconder en gérant un site, une page Facebook et j'en passe… Je n'ai pas cette énergie : je donne mes cours et j'écris des livres. Celui que vous tenez entre les mains est une réponse à ceux qui désiraient que j'aille au-delà de mon pamphlet, que j'ouvre des pistes d'où germeraient des solutions, que je ne me contente pas de démolir et qu'enfin, je construise.

Marie-Martine à l'école

Marie-Martine Schyns a raison : l'école mérite mieux qu'un pamphlet et c'est pour cela que je reprends la plume. Dans *Les profs au feu et l'école au milieu*, je n'ai pas ménagé la classe politique. J'ai pourfendu les porte-flambeaux de ces réformes pathétiques qui ont rendu l'enseignement de moins en moins lisible et de moins en moins praticable. Je suis heureux que la sortie de mon livre ait coïncidé avec la nomination d'une nouvelle ministre issue du monde de l'enseignement, d'une personne que j'ai plus ressentie comme une enseignante que comme une femme politique. Une dame qui, de son trône, aurait pu tancer le fou du roi que j'étais devenu. Au contraire, elle m'a écouté, a posé avec moi des questions essentielles tout en soulignant qu'elle ne pourrait pas réparer seule les dégâts dont souffre le bâtiment École. Cette femme politique n'était pas mue par la seule perspective des prochaines échéances électorales. Je remercie Marie-Martine Schyns, une ministre qui connaissait les professeurs et qui aurait pu les soutenir. Puisse son successeur se montrer aussi à l'écoute qu'elle. Puisse-t-il cultiver, comme elle, l'art de ne pas se prendre au sérieux. Puisse-t-on encore confier le portefeuille de l'éducation à un membre du corps enseignant, quel que soit le parti politique démocratique d'où il provienne. Cela permet aux professeurs et aux écoles d'entrevoir une lueur d'espoir : dans l'enseignement, il faut se donner du temps et oublier pour une fois les mantras de la compétitivité, de la croissance et de la recherche effrénée de résultats immédiats.

Rares sont les politiques qui pensent leur action sur le long terme. Ce n'est pas nouveau, mais c'est un problème social majeur. Au sens noble, la politique n'est pas le souci d'être réélu, encore moins de s'accrocher au pouvoir comme une moule sur son poteau, ou de se transmettre la charge de père en fils ! Au contraire, il s'agit de travailler en toute humilité au bien commun, à la *res publica*, en mettant tout en œuvre pour améliorer un présent constructeur d'avenir. Qui le sait encore ? Ils sont dangereux, ceux qui se contentent de colmater les brèches sans vision globale d'une société durable. Heureusement, comme dans toutes les professions, certains agissent encore en bons pères et mères de famille, en producteurs de sens. Ces hommes et ces femmes tentent de défendre des valeurs fondamentales, celles d'une école de qualité dans le cas qui nous occupe.

Michel De Herde, échevin de l'Enseignement à Schaerbeek, figure parmi eux. Comme la majorité, mon livre l'a fait réagir. Et il n'a pas craint de soutenir publiquement ce brûlot politiquement incorrect. Je l'en remercie. Réaliste et pragmatique, il connaît la mécanique des médias qui font et défont le monde à coups de slogans rapidement oubliés sous le poids des nouvelles. L'important, m'a-t-il dit, est de ne pas en rester là, de faire en sorte que ma parole ne soit pas enterrée, de défendre toujours et encore un enseignement de qualité et une école de l'excellence pour tous. Une école en opposition avec le grand foutoir jargonnant, sclérosant et dirigiste qu'elle est devenue. C'est aussi pour lui que j'écris ce nouveau livre, pour que le souffle ne s'éteigne pas et que d'autres reprennent le flambeau. Qu'ils construisent l'excellence et la démocratie, qu'ils offrent aux enseignants de retrouver la fierté de leur métier.

Ce livre est dédié à ma direction, aux professeurs de terrain, aux milliers de collègues que mon pamphlet a fait réagir, à celles et ceux qui vivent quotidiennement dans des conditions de travail souvent de plus en plus pénibles, à ces passeurs de lumière, ces artisans du réel qui construisent, avec leurs élèves, un monde où tous pourront se reconnaître, qui développent des connaissances, qui font réfléchir, qui entraînent l'esprit critique et libre afin d'éviter que chacun se replie sur soi, en des identités assassines créatrices de violence et de conflit. Merci à vous, chers collègues, d'œuvrer à un univers différent de celui des spots publicitaires, à un univers où l'école demeure un outil d'émancipation sociale et intellectuelle. Un monde où l'enseignement ne se réduit pas à entraîner nos élèves à servir l'argent et le pouvoir ! Merci à vous d'oser croire que l'intelligence et la culture améliorent le monde et construisent l'humanité. Merci de transmettre les connaissances et l'ouverture qui vous ont été transmises et de ne pas céder aux sirènes de la facilité ! Malgré ce qu'affirment certaines publicités, on ne trouve pas un bon job sans effort. Malgré certains slogans à la mode, il faut travailler pour réussir. Merci, enfin, pour votre engagement et pour la flamme que vous portez même si, en bout de course, elle vous rapporte plus de sourcils froncés que de médailles !

Moi, ministre...

Moi, ministre de l'Enseignement ? La grosse tête, moi ? Pas de panique ! La volonté de conserver mon entière liberté de parole m'interdit de m'affilier à un parti politique. Depuis un an, j'ai côtoyé trop de personnes qui ne pensaient plus par elles-mêmes et défendaient les valeurs et les idées de leur formation politique. La simple évocation d'une possible validité d'arguments différents, opposés, suffisait à les braquer. Hors de leur ligne idéologique, point de salut.

Ce titre, vous l'aurez compris, a pris la forme d'un clin d'œil à ce fameux monsieur Tout-le-monde devenu président de la République, qui avait lancé ce slogan de campagne devenu mythique : *Moi, président*... François Hollande avait éveillé en 2012 chez bien des Français un espoir de changement. Il s'était lancé dans l'arène probablement bourré de belles intentions. On ne peut que déplorer la mélasse dans laquelle il patauge à présent et le désaveu massif dont il fait l'objet malgré une poignée de réformes courageuses et ouvertes aux autres.

J'en tire une leçon : cessons d'attendre de celles et ceux qui nous gouvernent qu'ils réalisent des miracles. Cessons d'attendre le messie qui construirait ce que ses prédécesseurs se sont acharnés à détruire. Souvenons-nous qu'avant d'espérer la conduire à la lumière, Obama a dû s'acharner à sortir l'Amérique de Bush de l'enfer ! Exigeons cependant de nos dirigeants davantage d'éthique, d'engagement en faveur de nos valeurs démocratiques et de force pour s'opposer aux rêves des financiers. Rappelons-leur que notre monde appartient à tous et pas à quelques-uns et qu'il est de leur devoir de bâtir une société digne pour tous, une terre arc-en-ciel. C'est possible : Nelson Mandela n'y est-il pas arrivé ? Mieux, c'est possible sans bain de sang, avec humilité, respect de l'autre et amour.

Hors de la prison idéologique des partis, en tentant de picorer ce qui est bon chez les uns et les autres, le ministre que je ne serai jamais propose dans ce nouveau livre, avec humilité et humour, des pistes, des voies de liberté et de lumière, des possibilités de réfléchir pour que nos politiques et nos pédagogues se libèrent des dogmes. Qu'ils retrouvent avec simplicité le sens du bien commun. *Moi, ministre de l'Enseignement...* je défendrais une école où chacun, qui qu'il soit, d'où qu'il vienne, puisse trouver confiance en lui-même et en l'humanité.

Les spécialistes qui liront mon livre le trouveront à nouveau approximatif, peu scientifique, oublieux des théories établies. Qu'ils me pardonnent la non-intellectualisation de pratiques qui font de moi un professeur heureux. Qu'avec intelligence et simplicité, ils s'attachent à rendre possibles certaines des pistes proposées ici. Qu'ils créent le cadre d'une école et d'une société compréhensibles par tous. C'est tout ce que je souhaite. *Les profs au feu et l'école au milieu* était un coup de colère, *Moi, ministre de l'Enseignement* est un coup de cœur. Je vous en souhaite une agréable lecture.

1

Je défendrais une école de l'excellence pour tous

Le monde sera-t-il sauvé par un surcroît d'information, par des ordinateurs plus rapides ou par une nouvelle analyse scientifique ou intellectuelle ? N'est-ce pas de sagesse que l'humanité a le plus grand besoin, maintenant ?

Eckhart TOLLE,
L'art du calme intérieur.

Inutile de se voiler la face, l'école n'est plus ce lieu privilégié, à l'abri des modes, où science et culture se transmettent avec humanisme. Progressivement, elle s'est transformée en un lieu utilitaire où règnent les slogans des chantres sans conscience de la croissance économique et du libéralisme mondialisé. De nombreux témoins en attestent et les enseignants le remarquent sur le terrain : la multiplicité des réformettes dont l'enseignement est victime depuis trop d'années le nivelle par le bas. Volonté politique ? Prétendre que l'école a su rester un paradis perdu est la preuve d'un regard biaisé sur la réalité. Pire, un aveuglement volontaire afin de préserver des rêves pédagogiques inféodés à une vision utilitariste et égalitariste du monde. Ceux qui se complaisent dans ces mirages ont tôt fait de taxer d'aigris et de nostalgiques ceux qui dénoncent la catastrophe.

Notre société politiquement correcte a besoin de lisser, d'éviter les vagues. C'est à ce prix qu'elle arrive encore à convaincre ceux qu'elle nomme citoyens, sans les considérer comme tels pour autant, que l'avenir sera radieux même si le présent ne l'est pas. Depuis la parution des *Profs au feu*, certains ont affirmé sans sourire que, même si j'avais raison, *cela ne se faisait pas* de dire que les choses allaient mal.

Positivons, tout ira mieux ! Imaginez un médecin qui agirait ainsi : il serait accusé de non-assistance à personne en danger. L'optimisme béat est stupide et malhonnête. Et destructeur : il conduit droit au chaos. Lorsqu'une personne est malade, on lui fait subir des examens et on cherche des moyens de la guérir. C'est la seule attitude saine à observer.

Un grand corps malade

Confrontée aux réformettes qui la gangrènent, l'école malade ne se soigne pas. Pire, on prétend que la raison de son déclin tient à des acteurs incapables de comprendre les remèdes. Et plutôt que d'oublier ces recettes indigestes, on organise des formations pour les comprendre ! Ainsi de la pédagogie par compétences, née d'idées généreuses, mais qui, dans la pratique, a été mal comprise, amenant finalement les professeurs à ne plus maîtriser ce qu'ils doivent enseigner. Et au lieu de reconnaître l'échec et de réagir en revenant à des savoirs précis et des exigences claires, on s'enfonce dans une zone de turbulences et de non-sens où professeurs, élèves et parents se retrouvent perdus.

Qu'entendent donc nos responsables politiques et nos pédagogues en chambre par « école de la réussite » ? Une certitude : un lieu flou où tout se transforme en formules pseudo-scientifiques et en slogans séducteurs, mais où tout le monde se demande avec angoisse ce que l'on peut encore exiger. Un maçon qui élève un mur sait précisément où il va et quel objectif il poursuit. Un mur ne ment pas. Lorsqu'on demande à un professeur d'amener un élève à développer un *package* de compétences tellement généralistes qu'elles en deviennent floues, chacun devient libre d'interpréter à sa guise des directives qui n'en sont plus. Lorsqu'à l'occasion d'un test de lecture destiné à booster les statistiques de réussite, on demande à des élèves d'apprendre à naviguer rapidement d'une information à l'autre dans le but de répondre à des questions vagues et ouvertes, on ne lui apprend ni la précision, ni la rigueur. On lui donne au contraire de l'école une image lamentable où règne en maître l'absence d'effort.

Je le dis encore puisqu'on m'a reproché mon goût pour le passé : il ne s'agit pas de revenir à une école statique et abusive ; l'école de papa n'est pas celle du XXIe siècle. Tout juste convient-il de lui reconnaître des exigences claires et des balises lisibles par tous, des éducateurs aux élèves en passant par les parents. L'école des technocrates et des spécialistes de salon n'est lisible que par eux et, à l'image de notre société, elle s'éloigne des préoccupations de la base. Il est donc capital de créer une école compréhensible par tous si l'on veut d'une école à laquelle tous collaborent. On se plaint souvent du désinvestissement des parents dans l'éducation de leurs enfants. Comment espérer qu'ils s'investissent s'ils ne comprennent plus ce que l'école attend de leurs enfants, s'ils n'arrivent plus à établir de relation entre ce qu'ils ont appris et ce que semble devoir apprendre leur progéniture ? Une école démocratique ne met pas les parents sur le côté, à plus forte raison ceux qui proviennent de milieux défavorisés. Une école démocratique ne se contente pas de disséminer les dernières élucubrations savantes d'universitaires autosatisfaits, détachés de la réalité et inconscients du niveau de connaissance de la moyenne de la population.

La plupart des défenseurs d'une école égalitaire tiennent un discours tellement pointu et compliqué qu'ils coupent cette école de ceux à qui ils la destinent. Il faut dès lors repartir de bases saines, simples et concrètes afin d'élever chacun. Sans cela, on se contente d'asperger ceux avec qui l'on prétend communiquer. Ce n'est pas aux élites de tracer le chemin de l'école, mais aux artisans qui fréquentent les élèves au quotidien, dans les beaux quartiers, mais aussi et surtout dans les quartiers difficiles. Qui, mieux qu'eux, a pu constater sur le terrain ce qui manque aux élèves pour les mener plus loin ?

Notre société, et l'école en particulier, est malade de technocratie. Nous souffrons d'un besoin compulsif de tout mettre en formules, en statistiques, de créer des courbes et des graphiques et de réaliser des projections corrigeant le présent. Les technocrates, les experts, ont insidieusement pris le pouvoir. Ils imposent le contrôle de nos gestes et nous leur abandonnons les rênes de mauvais gré parce que nous ne comprenons plus les règles qu'ils ont mises en place. Résultat : le dégoût d'une démocratie vidée de sa substance et le succès de poujadistes qui trouvent là matière à cultiver leurs choux gras.

Voyez les aberrations pondues par nos technocrates qui étranglent certains pays sous prétexte de les ramener dans le rang et sur la voie de la croissance. Constatez l'absence d'humanité et d'humanisme avec laquelle sont imposées des mesures qui, pourtant, n'ont rien de magique. Pensée unique et délétère qui ne tient plus compte que de l'intérêt des plus riches et qui jette au panier les plus démunis. Cette rupture de la relation entre la population et ses élites fragilise dangereusement nos démocraties et conduit ceux qui ont le moins d'instruction dans les bras de l'extrémisme.

Si nous voulons sauver nos démocraties, il est temps de leur offrir du sens, il est temps de les rendre à nouveau lisibles par tous. Sans cela, les slogans extrémistes prendront de plus en plus de poids : les gens donnent leur voix à des partis dont ils comprennent le message, pas à des gens qui jargonnent et qui leur promettent de beaux jours. Surtout lorsque ces électeurs amers pataugent dans un quotidien figé que rien ne vient améliorer.

Une école de l'excellence

Une école de l'excellence n'est pas une école qui ne s'occupe que des meilleurs, mais une école qui rend chacun meilleur, qui... élève. Une école de l'excellence se fonde sur la reconnaissance de plusieurs types d'intelligence et conclut sereinement qu'on ne peut appliquer uniformément les mêmes formules et les mêmes modèles à tous. Pendant que l'école de la bêtise propose de niveler par souci d'égalité, l'école de l'excellence propose à chacun de découvrir ses potentialités, ses goûts et de les développer. Elle avance des choix, sélectionne et classe dans le but de conduire chaque élève au meilleur de ses capacités.

Tout comme dans la société en général, il faut oser reconnaître les qualités et les faiblesses de chacun.

Sans cela, l'école se transformera inexorablement en masse oiseuse de zombies végétatifs. Il faut avoir le courage et la clairvoyance de poser des balises et d'établir des constats. Quel sens y a-t-il à proposer des troncs communs à des jeunes qui n'en saisissent pas l'intérêt ? Dans les classes, la situation est claire : confrontés à des adolescents qui s'ennuient dans des classes surpeuplées, les professeurs ne peuvent plus exercer correctement leur métier. Quant aux élèves qui ont encore envie d'apprendre, ils sont devenus les otages de ceux qui n'en veulent pas.

On a tôt fait de bondir sur l'explication évidente : au feu, ces professeurs qui ne réussissent pas à enthousiasmer les adolescents ! Et je le reconnais, le paysage éducatif comprend aussi des professeurs moins compétents et d'autres qui jouent les victimes. Mais quel sens y a-t-il à répéter que les enseignants sont responsables de tous les malheurs pédagogiques ? Comment encourager des jeunes à se lancer dans l'enseignement, comment les motiver s'ils entendent partout que tout va mal à cause d'un corps professoral réfractaire ? Rendons-nous compte que l'école est une chance : ceux qui la fréquentent peuvent choisir de la saisir s'ils le souhaitent. L'école doit cesser de s'excuser de ne pas amener tous les jeunes à réussir. Le contrat éducatif, comme son nom l'indique, est un contrat. Il implique la participation active de toutes les parties : parents, élèves et enseignants. Les professeurs ne sont pas les seuls responsables de l'échec. Pour réussir, l'école doit respecter un modèle de partenariat multilatéral, ce qu'elle ne peut faire qu'en proposant à tous un contrat clair et de qualité. Aujourd'hui, nombre de jeunes et de parents se demandent à quoi sert encore d'aller à l'école. En cause : des responsables politiques, des pédagogues en chambre et des médias qui ne présentent plus l'école comme porteuse de sens, comme créatrice de valeurs. Au sein d'une société éloignée de ses fondamentaux et qui ne semble avoir d'autre objectif que de gérer la croissance et d'échapper à la tourmente économique et sociale, l'école devient un pis-aller, un outil anecdotique auquel on a tôt fait de tourner le dos en haussant les épaules.

C'est pourtant par l'école et par la culture que nous créons des liens sociaux, que nous apprenons à nous concentrer sur ce qui nous relie plutôt que ce qui nous sépare. Une société où l'école n'est plus au centre des réflexions conduit au repli sur soi, à l'égoïsme et à l'oubli du bien commun. De là des comportements d'adultes irresponsables. Peu nous importe généralement d'acheter des produits inéquitables créés par des personnes payées un salaire de misère, pourvu que cela nous coûte le moins possible. La loi du capitalisme et de l'égoïsme nous conduit à ne penser qu'à nous et à ne plus soigner la relation sociale. Une école qui cesse d'être un lieu de débat où l'ambition première est de développer l'esprit critique, une école qui se réduit à développer des compétences, donne naissance à des technocrates à l'image de celles et ceux qui, aujourd'hui, pensent l'éducation et lui causent tant de tort.

La solution ne se trouve certainement pas dans le libre choix des élèves et des parents. Cette école libérale est aussi égoïste que dangereuse, car elle oublie l'importance de la mixité sociale. Dans l'école de l'exclusion, on ne participe jamais efficacement à la construction d'une société plus juste. Cette école sélective, qui tire sa légitimité du modèle élitiste, masque son échec en assurant une promotion tonitruante aux adolescents performants qu'elle produit, ces « génies en herbe » si volontiers mis en scène à la télévision. Cette école n'est pas démocratique, même si elle offre, mais à de trop rares occasions, l'opportunité pour quelques jeunes doués issus de milieux défavorisés de s'extraire du panier de crabes où végètent la plupart de leurs semblables.

Afin de corriger cette école de la méritocratie, les partis de gauche ont proposé l'« école de la réussite ». Attention, aucun rapport avec l'école de l'excellence : il ne s'agit ici que d'un slogan électoral, tenant autant du rêve éveillé que du mensonge. Vouloir faire réussir le plus grand nombre possible est généreux, mais... il y a plusieurs manières de réussir ! Élaboré par des intellectuels, le concept de l'école de la réussite est centré autour de l'intellectualisme. Il a perdu de vue les formations manuelles et techniques, les considérant plus ou moins ouvertement comme une voie secondaire, moins épanouissante. Et pourtant, un bon technicien réussit mieux dans la vie qu'un mauvais médecin et un plombier passionné est plus heureux qu'un avocat raté. Il faut cesser de parler des universités et des hautes écoles comme seuls objectifs valables. Mettons en valeur, au quotidien, ces métiers dont notre société a un besoin criant et journalier, mais qu'elle méprise avec hypocrisie.

L'école de l'excellence propose l'excellence à tous, sans exclusion, tout en conservant rigueur et exigence. Elle se fonde sur ce constat que l'échec scolaire est généralement dû au manque de travail des élèves et au fait que ceux-ci le reconnaissent sans difficulté. Certes, il faut booster les élèves le plus possible, les prendre par la main, les soutenir. Mais il faut aussi leur inculquer que, sans eux, sans leur travail, les professeurs et les parents ne peuvent rien. Depuis des décennies, on sait qu'une fois confrontés à des limites raisonnables et compréhensibles, les jeunes se responsabilisent. Leur laisser croire que la réussite peut être l'aboutissement de leur fainéantise est débilitant, méprisant à leur égard. Et en aucun cas formateur. Généreuse et fondée sur des règles compréhensibles par tous, l'école de l'excellence n'a plus rien de la cour de récréation qu'est devenue l'école de la réussite. Pour réussir, un seul remède : le travail. Et bien entendu, on offre à tous les moyens (remédiation, études dirigées, etc.) pour travailler mieux. Cette école-là, seuls les professeurs peuvent la faire vivre au quotidien. D'où la nécessité absolue de leur faire confiance et de leur accorder un maximum de liberté dans la transmission des apprentissages.

Quant à la mixité sociale, elle ne se décrète pas, elle ne s'impose pas. Il faut du temps pour que les gens s'apprivoisent et s'acceptent avec leurs différences. L'école ne peut être seule à corriger le tir d'une société injuste. La mixité ne deviendra vivable et naturelle que lorsque des personnes issues des couches favorisées de la population admettront que des jeunes issus des milieux difficiles peuvent, comme elles, réussir des études difficiles. L'école de l'excellence, ouverte à tous, mais exigeante pour tous, peut progressivement amener à cette prise de conscience. Et ce n'est certainement pas en bradant les diplômes et en créant artificiellement une mixité sociale en vase clos qu'on rapprochera les gens. C'est en poussant chacun, indépendamment de ses origines sociales, au sommet de ses possibilités que l'on construira une école qui responsabilise et construit des citoyens épanouis.

2

Je partirais des besoins des élèves et des profs

La modernité qui nous a été imposée est dénuée des valeurs généreuses dont elle se targue, comme pour mieux les trahir.

Pierre RABHI,
Vers la sobriété heureuse.

Il faudrait plus de gens simples parmi nos élus, plutôt qu'une majorité d'universitaires qui ont parfois de la vie une vision décalée du réel de la majorité de la population. Les lois y gagneraient en bon sens, en simplicité et en lisibilité. La complication de notre société – la Belgique est la reine du genre – rend celle-ci incompréhensible pour la plupart des citoyens. Résultat : ils se détournent de la *res publica* qui devrait leur appartenir avant d'être sciemment confiée à une minorité. Trop souvent, les politiques vivent en vase clos, gérant leurs affaires en totale déconnexion des préoccupations du citoyen lambda.

Les technocrates scolaires agissent de même : ils imposent des projets irréalistes et opposent à la base révoltée des justifications aussi creuses que méprisantes. Lors de la sortie de mon opus précédent, j'ai certes bénéficié de l'écoute de certains, mais j'ai aussi écopé du mépris grimaçant d'universitaires qui, du haut de leurs diplômes, m'ont fait comprendre que ma bave de morpion n'atteignait pas le brillant de leurs chaussures. Qu'ils restent dans leur tour d'ivoire mais, par pitié, qu'ils cessent de régenter une école qu'ils détruisent à petit et à grand feu !

C'est ici qu'intervient la responsabilité des politiques, élus pour représenter la volonté de la population. C'est sur elle qu'ils doivent s'appuyer, pas sur quelques experts qui pensent le monde sans le connaître. L'école doit être restituée aux professeurs. Ce sont des professeurs, actifs sur le terrain, qui devraient prendre les décisions importantes sur l'organisation de l'école. Il est anormal que ce soient des personnes, aussi brillantes soient-elles, qui réfléchissent l'école sans la pratiquer. Anormal encore que, lors de la rédaction des programmes, n'interviennent que quelques professeurs perdus dans une masse de pédagogues, de fonctionnaires et d'autres technocrates qui se contentent généralement de prêter à leurs propositions une oreille condescendante.

Se libérer des idéologies

L'école de l'excellence naîtra le jour où chacun, en dehors de toute idéologie partisane et de tout asservissement politique, œuvrera réellement au bien des enfants, quelles que soient leurs origines culturelles et sociales. Première étape : sortir à la fois du rêve mortifère d'une école égalitaire et du mépris véhiculé par l'élitisme. L'école élitiste n'est rien d'autre qu'un cauchemar social qui rejette impitoyablement ceux qui ne répondent pas à ses exigences. Plus insidieuse et cruelle, l'école égalitaire devient un cauchemar en offrant une réussite sans efforts à tous, les rejetant ensuite sans armes dans une société sélective, ne retenant impitoyablement que les meilleurs.

Arrive ensuite l'idée de proposer de « bonnes écoles » à tous les enfants. Un beau rêve, mais rien de plus qu'un rêve tant que les moyens nécessaires ne seront pas alloués. Ne soyons pas naïfs : il faut modifier la société, lui donner davantage de sens social et humain, mais tout cela ne se fera pas d'un coup de baguette magique dans un monde qui ne valorise que la réussite individuelle et l'argent. Il existera toujours des écoles de différents niveaux et vouloir placer tous les établissements scolaires sur un pied d'égalité revient inévitablement à un nivellement par le bas. La démocratisation de l'école passe par une société plus égale et par une disparition des ghettos, honte ultime de nos pays développés qui permet que certains empochent en un mois ce que d'autres ne gagnent pas en une vie.

Espérer imposer l'école démocratique dans une société qui ne l'est pas conduit à creuser encore le fossé entre riches et pauvres. À transformer, comme l'a notamment fait le décret Inscriptions dans la région bruxelloise, de bonnes écoles de quartiers défavorisés en écoles-ghettos. Certes, il n'est pas normal qu'il existe de bonnes et de mauvaises écoles, mais il est bien pire qu'à cause de ces réformes, on ne trouve plus les bonnes écoles que dans les zones huppées ! Une école de l'excellence doit disséminer des « cellules » uniformément sur le territoire afin que les jeunes défavorisés trouvent près de chez eux des établissements capables de leur servir d'ascenseur social.

Comment ? Plutôt que de nourrir le rêve béat d'une école égalitaire au sein d'une société qui ne l'est pas, il faut offrir à tous les enfants des écoles à la fois humaines et exigeantes, où une sélection inévitable ouvrira les portes de l'excellence, à l'image de ces pôles d'innovation que l'on crée autour des villes et où s'installent les entreprises de pointe. Une fois installées, il faudra prendre garde à ce que ces écoles ne se replient pas sur elles-mêmes et nouent entre elles des accords, des partenariats favorisant les échanges de savoirs. Autrement dit, il faut donner davantage de moyens aux écoles qui vivent plus de difficultés afin qu'elles amènent les jeunes qui les fréquentent au meilleur d'eux-mêmes. Il faut développer des écoles à pédagogie et à moyens humains différenciés destinées à accompagner chacun vers le haut.

Que la gauche ne pousse pas ses cris d'orfraie ! C'est mener une politique sociale que d'ambitionner l'installation d'écoles de qualité pour tous, c'est mener une politique asociale d'empêcher les enfants des quartiers défavorisés de bénéficier d'une bonne école près de chez eux et de les envoyer dans des établissements ghettos. Les écoles où il fait bon étudier existent depuis toujours dans la pratique : elles naissent du choix et de la volonté des projets pédagogiques qu'elles génèrent. Plutôt que les saborder sous prétexte d'égalitarisme, il faudrait permettre qu'elles s'installent dans tous les quartiers et qu'elles soient accessibles à tous les jeunes qui ont envie d'étudier. Quant aux autres, plutôt que leur faire croire qu'ils peuvent réussir sans efforts, ces écoles, géographiquement proches, leur serviront de repères et s'imposeront dans leur esprit, espérons-le, comme un objectif.

Du caviar pour tous

Qui dit pôle d'excellence dit inévitablement zone d'exclusion. Ce que j'écris ici a déjà pu révolter ceux qui défendent une société égalitaire. Cessons de nous voiler la face : ce n'est pas avec de beaux discours sur l'égalité qu'on la crée. L'expérience nous le montre : la gauche caviar a les mots faciles. Et lorsque ses rêves ne voient pas le jour, elle a tôt fait d'accuser la droite alors qu'elle vit comme elle ! J'appelle à une société qui laisse à chacun une place au soleil et je suis profondément révolté par les différences sociales et culturelles qui s'approfondissent au sein de la population. Je suis outré que les politiques permettent à des top managers d'entreprises publiques de toucher des rémunérations crapuleuses et que de grands patrons s'octroient des salaires et des bonus scandaleux. Mais c'est notre système. À moins de la prise d'une nouvelle Bastille (le FMI ?), notre société technocratique mangeuse d'hommes et d'humanité, notre société liberticide à force de cultiver l'argent a encore certainement quelques années tranquilles devant elle. Alors, comment s'y prendre malgré ces prémisses ?

Les riches ont trouvé la parade : on impose une école publique égalitaire et médiocre ? Qu'à cela ne tienne, ils se tournent vers l'enseignement privé. Résultat : une société à deux vitesses où les nantis s'élisent et se congratulent entre eux tandis que les démunis perdent toute possibilité de contrôle. Nous devons veiller à créer de nouveaux Elio Di Rupo, de ces parcours magnifiques qui incarnent ce que l'école de l'excellence et de l'effort peut produire de meilleur. Et ce n'est pas en ghettoïsant les écoles des quartiers défavorisés que nous y parviendrons.

Quid, donc, des élèves et des enseignants qui fréquentent les établissements dits *difficiles* ? L'ambition pour eux doit être de leur permettre de produire de meilleurs résultats et de conduire chacun vers une situation épanouissante. Concrètement, cela implique plus d'heures de remédiation pour les élèves afin de les remettre à niveau, un horaire moins chargé pour les enseignants et des classes moins nombreuses leur permettant de s'occuper mieux de chacun.

Je déplore de devoir me contenter de cette solution intermédiaire en proposant un système combinant de bonnes et de moins bonnes écoles, mais comment faire autrement dans une société duale au sein de laquelle la droite et la gauche se battent avec la même avidité meurtrière ? Au même titre que les autres factions politiques, les socialistes veulent leur part du gâteau financier. Et le système est à ce point pervers qu'il les a menés à avancer des arguments largement libéraux en les saupoudrant de quelques vagues parachutes sociaux afin de conserver une once de légitimité. À l'exception de quelques groupes d'extrême gauche dont la crédibilité reste douteuse, l'ensemble du paysage politique est devenu uniformément libéral et capitaliste. Ce qui tue la gauche, c'est qu'elle ne réussit plus à envisager le socialisme hors du système capitaliste, alors qu'elle est justement destinée à le critiquer et à le combattre.

Une société qui choisit d'élever les plus défavori-
 sés plutôt que de les maintenir dans un système

d'assistanat commence par mettre l'école en avant et lui donne les moyens nécessaires à l'épanouissement des couches les plus fragilisées. Comment se fait-il que l'on trouve en quelques jours plusieurs milliards d'euros pour sauver le système bancaire alors que depuis des années, on clame haut et fort qu'il n'existe pas de moyens suffisants pour sauver le système éducatif ? À cette question, on me répond souvent que l'école reçoit suffisamment de moyens mais qu'elle est incapable de les utiliser efficacement.

C'est de cette réflexion qu'est née ma proposition de fonder des pôles d'excellence permettant de créer un tissu éducatif de qualité pour tous et empêchant la survivance de zones de non-éducation en pleine capitale de l'Europe ! C'était l'ambition du décret Inscriptions de corriger cela, mais dans la pratique, rien n'a changé dans la plupart des écoles. Dans l'agglomération bruxelloise, les effets du décret se sont révélés pervers : ils se traduisent par l'établissement de disparités destructrices là où il n'y en avait pas. Faut-il pour autant supprimer le décret, comme le réclament les libéraux ? Pas nécessairement, et certainement pas pour revenir à une école de l'exclusion sociale. Il faut cependant le corriger, le simplifier et y ajouter des critères pédagogiques afin que les écoles ne se retrouvent pas dans des situations inextricables, nuisant à la qualité de l'enseignement et créant des zones d'exclusion et de violence à l'intérieur des établissements scolaires qui n'ont pas les moyens de faire face aux difficultés engendrées par l'application du décret.

Réenchanter le monde

Corriger le monde et l'améliorer implique de partir du réel, pas d'une réalité imaginée. La démocratie est morte depuis longtemps, nous ne jouons plus qu'une comédie où tout le monde est perdant. Les citoyens d'abord, privés de leur pouvoir sur les organes de décision, les politiques ensuite, pris en tenaille entre la population qu'ils sont censés représenter et les groupes de pression, souvent financiers, auxquels les meilleurs tentent parfois de ne pas trop obéir. Alors que l'économie et la finance n'étaient que des outils de mesure, elles se sont muées en objectifs à part entière et ont pris le monde en otage. Aujourd'hui, c'est en leur nom que notre planète et ses habitants sont sacrifiés. La mondialisation sauvage propage un désastre humanitaire sans précédent et offre ce qui reste de notre planète à une oligarchie financière.

Pour ces puissants, l'école, lieu d'humanisme et de réflexion, n'a aucun intérêt. Ils vivent le nez collé à leur compte en banque et aux cours de la bourse, sans distance ni discernement. Quand seul me guide mon intérêt, je ne regarde plus le monde et je ne me préoccupe plus des autres.

Les socialistes sont tombés dans le piège doré du libéralisme. Aujourd'hui, ils ont le sentiment de ne plus pouvoir faire marche arrière. D'où, sans doute, l'émergence de myriades de nouveaux partis de gauche qui tentent de tenir un véritable discours social. L'« école de la réussite », issue de ces réflexions néosocialistes, fait partie de ces slogans poudre aux yeux destinés à faire croire que tout le monde peut réussir à l'école. Une méthode Coué qu'affectionnent les gens qui aiment se répéter que tout peut aller bien alors que tout va mal. Des gens qui se fâchent quand des trouble-fête de mon espèce dénoncent les sparadraps sociaux qu'ils plaquent sur des blessures sans penser à soigner la gangrène qui se propage insidieusement au-dessous. Le socialisme s'est vidé de son sens dans un univers détruit de manière insensée par le libéralisme à tous crins. Et la population – vos concitoyens, vos électeurs, chers politiques ! – ne se retrouve plus en des partis qui se disputent sans cesse sur la forme tout en étant d'accord sur le fond.

Pourtant, c'est justement le fond qu'il faut changer pour réenchanter le monde, pour donner un nouvel élan à notre société, pour réduire drastiquement, efficacement, les inégalités sociales. Les socialistes, pas plus que les écolos, ne devraient rester autour d'une table où l'on parle des salaires des grands patrons et où l'on se plie à leur chantage quand ils menacent de s'exiler. Il faut cesser de craindre la perte de ces cerveaux à vendre. Il existe suffisamment de personnes honnêtes, compétentes et intelligentes à même de diriger nos entreprises pour un salaire qui, tout en étant enviable, cessera de scandaliser l'ensemble de la population.

Si nous voulons sauver la vie, nous devons nous reconnecter avec le sens des valeurs : l'honnêteté, l'effort, la liberté, la solidarité, la fraternité. Ces valeurs que transmettait l'école publique et universelle avant qu'elle ne soit laminée par les compétences et qu'elle ne se reconnaisse plus que dans les classements réalisés par les experts théoriciens européens et mondiaux.

Lorsque j'entends des dirigeants de clubs de football justifier sans peine les dizaines de millions d'euros qu'ils dépensent pour acheter leurs joueurs et affirmer que c'est le prix à payer pour qu'ils ne filent pas à l'étranger, je vois la maladie du monde. Laissons-les filer, ces sportifs qui préfèrent taper sur des liasses plutôt que sur un ballon ! Cessons de nous enivrer devant ces multimillionnaires qui se pavanent dans leurs hôtels et leurs voitures de luxe ! Car il suffit que nous cessions d'aller les regarder courir derrière une baballe pour qu'ils perdent immédiatement toute leur valeur vénale. Certains redeviendront peut-être alors de vrais sportifs, jouant pour le plaisir et plus pour des primes mirobolantes.

Les riches n'auraient aucun pouvoir si la population ne le leur octroyait pas. Sans les pauvres pour leur cirer les pompes, les riches courraient pieds nus ! Les partis de gauche – et les socialistes en particulier – semblent avoir perdu conscience de cette évidence. Mais afin de le remettre au goût du jour, il faudra renouveler le débat politique, ce qui implique de proposer aux électeurs un vrai discours de gauche au lieu d'un mauvais discours de droite saupoudré d'idées de partage.

Je m'égare ? Non : il n'est pas possible de parler de l'école et de son avenir sans analyser la société qui la produit. L'école du passé était le fruit d'une société étouffée par les règles de la bienséance et de la méritocratie. Le maître était le maître et pouvait se permettre d'être injuste. Pourtant, quand il était juste, il faisait apprendre et il élevait. La règle ne se discutait pas. Mai 68, notamment, a modifié la donne et ce fut partiellement pour un mieux. Cependant, nous avons remplacé les maîtres tout-puissants par des idéologues qui le sont tout autant, bien plus dangereux toutefois que les maîtres d'antan, car ils véhiculent, à travers leurs injonctions et leurs livres, une pensée unique coupée du réel, jetant l'humanisme aux oubliettes sous couvert de technocratie.

3

Je m'inspirerais du bas pour aller vers le haut

Pour faire écouter ce qu'on dit, il faut se mettre à la place de ceux à qui l'on s'adresse.

Jean-Jacques ROUSSEAU,
Émile ou de l'Éducation.

« Lorsque le maître était le maître... » On m'a reproché lourdement cette phrase que je répète volontiers dans *Les profs au feu et l'école au milieu!* Malgré les nuances fondamentales dont j'avais parsemé mon livre, ce slogan a souvent été pris au pied de la lettre et a amené de nombreux détracteurs à affirmer que j'étais un barbon passéiste rêvant d'un retour à l'école de papa ! Une de mes amies estime que j'ai offert à mes opposants la corde pour me pendre et à la réflexion, elle a raison. Une formule est si facilement détournée, sortie de son contexte et trahie. J'aurais dû me montrer plus prudent. Plus précis, Monsieur le professeur-écrivain. Cela m'aurait évité de perdre du temps à me justifier sur cette seule phrase auprès de ceux qui avaient lu mon livre en oblique.

Soyons très clairs cette fois : je n'ai jamais souhaité un retour à cette époque où les maîtres pouvaient se montrer dictatoriaux et injustes. Je parlais d'une époque où le maître pouvait gérer ses classes en fonction des besoins de celles-ci sans devoir justifier sans cesse, et en trente exemplaires, la moindre de ses décisions pédagogiques.

Dans l'idée de mettre fin aux injustices sociales issues des écoles élitistes, on a mis sur pied le décret

Inscriptions qui a, de manière perverse, accentué la fragilisation du tissu scolaire dans certaines villes du pays. Afin d'éradiquer quelques matamores crétins qui se prenaient pour Dieu le Père, on a émasculé l'ensemble de la profession en inventant de pernicieuses machines de guerre psychopédagogique qui ont sapé l'autorité des professeurs et ont vidé la profession de sa raison d'être.

Aller de bas en haut pour éviter d'aller de plus en plus bas

L'école d'aujourd'hui ne peut se satisfaire d'un retour aux recettes du passé, mais elle n'en est pas moins malade pour autant. Nier l'autorité de l'enseignant et lui préférer un enfant-roi est un échec qui n'enrichit ni l'un, ni l'autre. Soigner l'école implique de confier aux enseignants le gouvernail de leur métier dans l'idée qu'ils retrouvent le goût et la liberté de travailler avec leurs classes. Les pédagogues proposent des méthodes nouvelles ? Tant mieux ! Mais c'est aux professeurs de les avaliser en les expérimentant et en les validant sur le terrain. C'était un des fils conducteurs de mon précédent livre.

Dans ce chapitre, je souhaite démontrer l'importance d'une école qui part du bas pour aller vers le haut. Autrement dit, une école qui s'appuie à la fois sur l'enfant et sa réalité sociale et familiale, et sur le maître qui, à l'école, est le premier et le seul à avoir un contact quotidien avec lui. Le ministère a créé une « cellule de pilotage » de l'enseignement. Ses pilotes qui, comme leur nom l'indique, n'ont pas toujours les pieds sur terre et souvent la tête dans les nuages, impriment à l'école ses obligations, ses grandes impulsions sans pour autant que les professeurs et les élèves s'y reconnaissent. Je pense notamment aux tests d'évaluation mis au point par des spécialistes, pédagogues, inspecteurs et une minorité de professeurs : ces tests sont imposés uniformément à tous, se veulent généralistes et nourrissent des analyses et des statistiques qui ne servent en réalité que ceux qui les génèrent. Dans les classes, ils ne font sourire personne : ni les professeurs, qui se transforment en robots correcteurs et se voient, outre leurs devoirs pédagogiques légitimes, obligés de remplir d'interminables tableaux Excel, ni les élèves, rebutés par le formalisme des questions, par leur technicité et leur niveau paradoxalement débilitant. Je ne veux pas entrer dans l'analyse de chacun de ces tests. Impossible en effet de traiter leurs nombreuses contradictions sans devenir trop technique. Une conclusion inévitable toutefois : créer une école idéale en imposant des méthodes du sommet à la base se révèle chaque jour un échec humain et pédagogique. Je le dénonçais déjà avec force dans *Les profs au feu et l'école au milieu* et je le redis ici : l'enseignement n'appartient plus aux professeurs qui le pratiquent, à ces artisans du sens et de la relation, mais à une minorité considérée comme supérieure qui impose, sans état d'âme, une vision de l'école qu'il convient ensuite d'appliquer uniformément, sans discernement.

L'école imposée par ces pontifes à la masse des professeurs et des élèves n'est pas pilotée : elle est téléguidée. Il ne s'agit plus de mener l'élève au meilleur de ses capacités, mais de le placer dans un carcan générateur de bonnes statistiques, de le formater afin qu'il réponde correctement aux jeux pédagogiques bisannuels sponsorisés par l'OCDE. L'école du haut qui impose règles, questions et réponses est mortifère. Elle conduit au chaos et à la démotivation. L'école du bas, c'est ma conviction, construit et libère. Il faut lui faire à nouveau confiance si l'on veut éviter de sacrifier les générations à venir.

L'école du bas démarre des élèves et des professeurs ; elle est l'espace où chacun bricole concrètement, trouve des astuces créatives et humaines pour obtenir des résultats. Ce bricolage, cette incertitude systémique est le prix de tout enseignement à l'écoute de l'autre. L'école du bas tâtonne pour apprendre. Mais ce sont précisément ces tâtonnements qui aident chacun à développer ses connaissances, ses compétences et sa personnalité. « Quand le maître était le maître », il gérait sa classe pour le mieux et pouvait être fier de ses résultats. Les enseignants d'une école réussie doivent se sentir acteurs de leur métier, participants, créateurs. Pas simples témoins. C'est ainsi que l'on génère des enthousiasmes. Le métier d'enseignant est le plus beau métier du monde lorsque le professeur peut explorer de nouvelles pistes et travailler avec ses élèves. Il devient au contraire un parcours de misère lorsque le haut, plutôt que de se contenter de prescrire les connaissances à transmettre, se transforme en prescripteur de sens. Lorsqu'on vous impose méthodes, compétences, manières d'évaluer, voire réponses aux questions, votre métier se vide de sa liberté, il n'est plus producteur de rien, vous n'êtes plus producteur de sens, mais simple exécutant dont la mission ne consiste plus à enseigner, mais à reproduire sans rechigner les tâches mécaniques qu'on vous assigne.

Depuis plus de vingt ans, le professeur regarde s'abattre réformes, décrets, méthodes et manières de penser. Sa liberté est de plus en plus cadenassée par des théoriciens abstraits qui espèrent transformer l'art d'enseigner en science exacte. Une belle science capable d'analyser d'un coup l'ensemble des comportements cognitifs et de mettre au passage Paris et les enseignants en bouteille ! Pensé comme il l'est aujourd'hui, l'enseignement se rapproche plus de la scientologie que de la science. Les pédagogues en chambre demandent aux professeurs de respecter les dogmes qu'ils mettent en place après des simulations en laboratoire et de reproduire servilement les exercices qui rendront leurs élèves plus intelligents. Ensuite, un joli test calcule la progression et le ministère tire des conclusions. Vive le contrôle !

Parmi les élucubrations des gens d'en haut, je ne le nie pas, il y a des expériences intéressantes. Mais ce qui peut s'envisager avec un public privilégié et averti ne peut être imposé uniformément à l'ensemble des professeurs, souvent confrontés à une réalité qui n'a plus rien à voir avec le cadre des recherches. J'ai développé le sujet dans *Les profs au feu et l'école au milieu* et je ne me suis pas fait que des amis parmi les pédagogues. Certains, plus ouverts que les autres, m'ont invité à débattre avec eux et j'en ai beaucoup retiré. D'autres sont restés bloqués dans le monde clos de leurs recherches et de leur vertu offensée, affirmant que lorsque tous les paramètres sont exacts et vérifiés en chambre, cela *doit* fonctionner sur le terrain. Quel mépris pour les professeurs ! J'ai reçu des témoignages bouleversants, comme cette formatrice à qui on avait dit qu'elle pouvait parler de n'importe quoi lors de ses formations, étant donné que les professeurs n'y comprendraient de toute façon pas grand-chose. Ou encore tous ces professeurs blessés par les remarques cassantes et affligeantes de savants inspecteurs. Où va l'école lorsque le goût du respect de l'autre et de la liberté est perdu ?

Les professeurs ne sont pas des marionnettes dont on pourrait tirer les fils. Les élèves encore moins. C'est à cause de cette méprise que l'école du haut a perdu le lien avec celle du bas. Il existe aujourd'hui deux écoles : celle qui rêve et parle de l'école et celle qui en meurt à petit feu.

Pour rendre à l'enseignement son efficacité et afin qu'il produise à nouveau du sens, il faut repartir de l'école du bas. Le devoir moral du ministère de l'Enseignement est de fournir des pistes aux professeurs. Que veut-on dans la société de demain ? Quel citoyen ? Un être libre ou un consommateur sans esprit ? Quels savoirs et quelles compétences les jeunes doivent-ils maîtriser à la sortie de leur parcours scolaire ? Telles sont les vraies questions à se poser. À l'inverse, le ministère doit cesser de produire des slogans imbéciles à la « Tous bilingues en 2000 ». Il doit poser des balises, fixer précisément les objectifs à atteindre. Il faut que ceux-ci soient lisibles, compréhensibles par tous et que parents, élèves et professeurs comprennent où le système scolaire se propose de les conduire. Ensuite, aux professeurs, aux élèves et aux parents de se retrousser les manches pour réussir la mission.

Bien entendu, il ne s'agit pas que les enseignants fonctionnent en roue libre. Il est parfaitement normal et bienvenu que le ministère contrôle leur travail, qu'il mette au pas celles et ceux (car il y en a, comme partout) qui exercent mal leur métier. Voilà le rôle et les prérogatives de l'école du haut. Prescrire clairement et vérifier avec humanité ce qui se déroule sur le terrain.

À l'heure actuelle, les technocrates se sont persuadés qu'ils pouvaient avoir la mainmise sur tout : le ministère veut-il créer des professeurs moutons qui bêlent en groupe et qui acquiescent à tout ? J'ai rencontré une jeune ministre responsable et son chef de cabinet, ancien professeur, qui n'ont pas cette vision-là de l'école : ils savent ce qui se passe sur le terrain pour l'avoir, l'un et l'autre, pratiqué. Je n'ai pas rencontré les toqués en chef qui, en leurs abris pédatomiques invisibles, mitonnent les recettes de l'école de la réussite, recettes qu'ils ne remettent pas en cause puisque, comme me l'a écrit un responsable syndical, ils font de la science et que c'est une matière exacte. Vive la pédagogie par compétences mal expliquée et mal comprise, et les dégâts qu'elle cause sur le terrain ! Souvenons-nous : ce sont des scientifiques respectables et sûrs de leur fait qui ont conçu la bombe atomique.

Vive le Bonheur National Brut !

Un peu d'humanité, un peu d'humilité et de simplicité et l'école retrouvera les couleurs qu'elle a perdues. Il est urgent que l'école crée un lien entre ceux qui la fréquentent et ceux qui la pensent. Comme dans la société, le fossé se creuse entre dirigeants et utilisateurs, entre décideurs et citoyens : un brouillard préjudiciable à la démocratie s'épaissit et nos élites devraient s'atteler à le dissiper. Les discours réducteurs, les slogans séduisent chaque jour une plus grande part de la population, dégoûtée de ne plus comprendre les décisions prises en son nom. Une population qui ne va plus voter avec la conscience de participer à l'État, mais avec le sentiment de le subir. Les abstentionnistes et les extrémistes ont le vent en poupe et ce n'est pas en affirmant béatement que tout va bien, Madame la Marquise, que l'on éduquera la population à la réflexion et à la nuance.

Les décideurs de la Commission européenne, les politiques, ont le devoir moral de renouer le dialogue avec les populations qu'ils sont censés représenter. Ils doivent cesser de limiter leurs relations aux lobbyistes des univers économique et financier. Ce ne sont pas des groupes de pression qui doivent influencer les décisions d'un pseudo-gouvernement européen, mais l'aspiration des peuples à davantage de bien-être. Sans le prendre pour exemple, un pays comme le Bhoutan, bien plus pauvre que nos démocraties occidentales, a instauré la notion du Bonheur National Brut et prend ses décisions de gouvernance en tenant compte d'autres paramètres que la seule croissance économique ! Si ce pays a pu le faire, pourquoi nos démocraties ne sont-elles pas capables de parfaire et d'augmenter le bien-être des citoyens ? Une réponse, évidente : nos dirigeants ne tiennent compte que d'intérêts particuliers plutôt que de faire l'effort de se solidariser autour du bien commun.

Que les tenants du libéralisme sans nuances fassent le choix de vivre dans une société égoïste où seuls les plus forts et les plus riches s'en sortent, une société favorisant la pauvreté et alimentant les poisons qui l'anéantiront, je le comprends. Au moins défendent-ils des idées auxquelles ils croient. Que la gauche européenne ait perdu la capacité d'inventer un projet de société alternatif aux déviances catastrophiques du capitalisme est terriblement triste. Qu'elle y participe moyennant quelques aménagements vaguement sociaux est un scandale. Aujourd'hui, outre quelques partis citoyens souvent éphémères, plus personne n'a le courage et la volonté nécessaires pour construire une société visant le bien de tous.

L'école qui impose des règles du haut sans se soucier de ceux qui les pratiquent en bas participe à la même dictature sous couvert de discours égalitariste. En démotivant et en sapant les professeurs et les élèves qui la font vivre, les décideurs transforment l'école en grand corps malade, incapable de former des citoyens à l'esprit critique et au caractère trempé, des personnes libres plutôt que des individus participant à la comédie d'une éducation dont ils ne comprennent plus le sens.

L'Histoire l'a suffisamment montré : les sociétés qui s'enlisent dans un discours autosatisfait et perclus de certitudes finissent toujours par céder la place à l'horreur des dictatures. Une fois transformés en moutons consommateurs avides de pain et de jeux, comment s'étonner que les jeunes sans éducation donnent leur voix à de dangereux histrions, ou qu'ils se tournent vers l'anarchie et la violence. Une école pilotée d'en haut, enfermée dans des décrets et des statistiques, perd sa saveur et son sens : on peut faire dire ce qu'on veut aux chiffres et se féliciter ensuite en affirmant que la situation s'améliore. Moins de redoublements dans l'enseignement secondaire, clame-t-on, comme s'il s'agissait d'une réussite pédagogique. Facile : il a suffi d'encourager les professeurs, pressions à l'appui, à ne plus faire doubler leurs élèves ! On ne s'interroge plus sur le fait que les élèves sachent lire ou non : on se réfère à l'enquête Pisa dont plusieurs chercheurs ont mis les failles en évidence et dont je parlerai plus loin. La place occupée dans un tableau statistique, dont les médias ne lisent même pas tous les paramètres, est devenue plus importante que la réalité qu'enseignants, parents et élèves déplorent amèrement sur le terrain.

Les penseurs en chambre et autres dictateurs d'école férus de pédagogie oiseuse m'affirmeront encore que je nie toutes les recherches en psychopédagogie, que seul me semble praticable un retour au passé, ils m'agoniront encore d'injures et voudront à nouveau m'imposer violemment leur vision. Mais sur ce point, qu'on se le dise, je demeurerai paisiblement sur mes positions. Si elle poursuit sa transformation en une bulle éthérée où quelques malins idiots tracent son avenir sans se préoccuper de la base, l'école mourra. Si elle se transforme en une commission de technocrates froids qui ne connaissent pas le prix d'un pain ou d'un ticket de métro, la démocratie offre des armes à ceux qui veulent la détruire.

Pédagogues et inspecteurs sur le terrain

Ce ne sont ni des formules magiques, ni des idées coupées de la réalité qui rendront meilleure notre société. C'est au contraire en s'occupant du quotidien de chacun et en cherchant jour après jour comment l'améliorer qu'on y réussira, « loin des beaux discours, des grandes théories », comme le chante Jean-Jacques Goldman. Les enseignants qui réussissent et conservent la passion d'enseigner ne tirent pas de plans sur la comète : ils s'occupent simplement, et du mieux qu'ils le peuvent, des élèves qui leur sont confiés.

L'école du bas se nourrit de la réussite des élèves, celle du haut s'étourdit de théories. L'école du bas est œuvre d'artisan sempiternellement prêt à revoir et ajuster sa copie, l'école du haut est affaire de technocrate fournisseur de certitudes pseudo-scientifiques. Combien sont-ils, dans les cabinets ministériels, dans les cellules pédagogiques, dans les services de pilotage de l'enseignement, à parler de l'école sans plus la pratiquer ? Pourquoi ne pas les renvoyer dans les classes, au moins un an sur deux, afin qu'ils tâtent le terrain, qu'ils se rendent compte des difficultés concrètes ? Et, puisqu'ils sont spécialistes de l'éducation, qu'ils prouvent le bien-fondé de leurs théories en faisant travailler des élèves difficiles, en perte de repères et qu'ils montrent ainsi aux professeurs comment il faut agir pour réussir l'école. Alors, sincèrement, je croirai en eux. Une année sur le terrain à affronter le réel et une année dans leur bureau climatisé pour réfléchir à des théories plus efficaces et à écrire des articles de synthèse pour des revues spécialisées. Voilà de quelle manière je conçois un expert responsable.

Il n'est pas normal qu'une minorité de spécialistes impose sa vision de l'école à la majorité des artisans du terrain. À l'inverse, il n'est évidemment pas possible de créer une démocratie directe où tous pourraient échanger leurs idées sur l'école. Il y en a tant et elles sont si différentes que cela mènerait immédiatement à une épouvantable cacophonie dont personne ne sortirait gagnant. Mais que cela n'empêche pas comme aujourd'hui l'école du bas, l'école de la réalité, de se faire entendre ! Que cela n'empêche pas celle du haut de descendre sur le terrain, et pas une journée ou une heure, mais pendant une année scolaire. Elle prendrait ainsi la température du réel et confronterait les idées à la vie. Si la pédagogie rejoint la vie, elle fait preuve de courage et devient admirable. Si elle demeure cloîtrée, elle se coupe de la richesse du terrain et se transforme inévitablement en hydre aveugle. Il faudrait interdire aux pédagogues qui n'ont jamais enseigné ou qui n'enseignent plus depuis des années d'imposer la moindre idée pédagogique !

On m'a demandé des pistes. En voici une qui ne coûte rien : que les inspecteurs et les conseillers pédagogiques, que les théoriciens en chambre affrontent le terrain, qu'ils prennent une année sur deux un horaire de professeur et qu'ensuite, ils se retrouvent pour un débriefing de leur expérience. Et pendant que la moitié de leurs collègues sont sur le terrain, déchargeons les autres des multiples charges administratives et des kyrielles de rapports qui transforment leur travail d'inspection en métier de gratte-papier, qui les coupent de la réalité des classes. Revenons à plus d'égalité et de transparence : on ne peut être un bon inspecteur que si l'on sait ce qu'enseigner veut dire. Et je ne peux m'empêcher de penser, en voyant le mélodrame chanté par ceux qui ont raté leur épreuve de sélection et ont dû retourner dans leurs classes, que ceux qui inspectent et pensent l'école sont trop souvent des professeurs qui en ont perdu le goût et le courage. Un bon pédagogue, un bon inspecteur est avant tout un bon professeur, qui aime son métier, qui aime être en contact avec des classes. Et surtout pas quelqu'un qui les a quittées par dégoût !

Si l'école du haut descendait sur le terrain et avait le courage de se confronter au réel, l'école du bas retrouverait confiance et dynamisme plutôt que de se sentir écrasée par des diktats. Ce qui serait décidé en haut lieu le serait par des personnes qui connaissent la réalité du métier et qui font l'expérience de leurs théories. Le réel permettrait de reconstruire l'école à partir de ses besoins authentiques et des élèves qui la fréquentent. À douze ans, dans les pays développés, tous les enfants devraient savoir lire, écrire et calculer. Cette évidence se mue doucement en utopie. Il est temps d'y revenir.

4

Je publierais des programmes clairs et précis

Il est difficile d'assurer cohérence et continuité des apprentissages si les référentiels sont flottants.

Alain MAINGAIN,
Prof, décembre 2013.

Lisez les programmes, les fameux « référentiels », et vous ne tarderez pas à comprendre ce qui ne fonctionne pas à l'école. Lisez certaines lois et vous aurez une idée du non-sens qui étouffe nos sociétés. Tout est devenu affaire de spécialistes ; la simplicité et la clarté n'ont plus voix au chapitre. Les intellectuels qui nous gouvernent n'entretiennent plus le lien avec la population qui les élit. Ils s'enlisent dans des préoccupations de plus en plus absconses, illisibles par la plupart des gens, et ils justifient leur jargon par leur statut d'élites.

Si chaque citoyen est censé connaître la loi et l'appliquer, chaque citoyen devrait avoir accès à des lois et à des règles compréhensibles. Tous les domaines de la société, de l'économie à la politique en passant par la psychologie, sont devenus affaires de technocrates. Résultat : la population ne comprend plus ses édiles, perd la confiance qu'elle leur portait, ouvrant grande la porte aux poujadistes et aux extrémistes de tous bords.

On farcebooke et on sweete

Une méfiance et une indifférence dommageables s'installent entre la population et ses représentants.

La relation est coupée et les politiques se contentent de la pire démagogie, de formules médiatiques et de slogans réducteurs afin de conserver un semblant de lien avec leurs électeurs. Au lieu de poser un regard critique sur le fonctionnement de la société, la plupart se contente de la *commedia dell'arte* et de la communication pathétique et minimaliste des politiques. Ainsi a-t-on découvert une députée au salaire mensuel de cinq mille euros décidant de se mettre pendant un mois dans la peau d'un SDF. En ayant bien entendu pris soin d'en informer les médias au préalable. Elle décide de tester la survie avec cent quatre-vingts euros pendant un mois et montre, grâce à ses coaches anciens SDF, que certes, c'est dur, mais que finalement, on n'en meurt pas ! À quoi bon de telles expériences ? Une façon de justifier ensuite la misère et de montrer que même avec rien, on peut survivre ? L'expérience aurait éventuellement été digne si la députée candidate SDF en avait parlé à la presse après son expérience, à la façon de Günter Wallraff. Lorsqu'on veut faire un coup médiatique, on assume, Madame ! N'est pas Nelson Mandela qui veut !

Il y a de moins en moins de profondeur argumentée et de plus en plus d'effets pervers dans la communication des responsables de la société. Les politiques, pourtant diplômés universitaires pour la plupart, font le trottoir lorsqu'il s'agit de faire passer des lois dont la complexité est telle que seuls des cercles d'initiés peuvent encore les comprendre. On fournit des résumés condescendants et réducteurs au peuple. On smile à la télé pour voir si le peuple nous checke ! On farcebooke et on sweete.

Tout doux et en blaguant, le suppositoire passe mieux. Chacun rêve des scores de « Papa » ! Cela réduit l'intelligence, cela nuit à la démocratie.

Et il en est de même dans le monde de l'enseignement. On ramène scandaleusement la réussite des élèves de notre communauté francophone à leur classement dans des enquêtes absconses. Cette approche lamentablement réductrice ne tient aucun compte d'une série de facteurs tellement complexes que les médias les zappent. Ils préfèrent quelques titres chocs et vendeurs (« Nos enfants sont nuls en lecture », « Nous avons perdu trois places en sciences ! ») que les gens retiennent facilement, honteusement, et surtout sans se poser de questions.

D'un côté, l'on jargonne et de l'autre, on ânonne

Plus la société se complexifie dans les hautes sphères, plus elle s'infantilise à la base. Outre quelques intellectuels avertis, on ne présente plus que du vent à la majorité de la population qui, dégoûtée, démotivée, se résout à exiger de moins en moins de comptes à celles et ceux qui gouvernent. Il suffit de lire les journaux, d'écouter la radio et de regarder la télévision pour remarquer, avec effroi, combien le débat y est de moins en moins présent, de moins en moins profond et de plus en plus souvent remplacé par des shows où il importe davantage de « bien passer » plutôt que de développer des idées qui ennuient les gens habitués à du prêt-à-penser.

D'un côté, l'on jargonne et de l'autre, on ânonne. On supprime la classe moyenne au profit d'une minorité de savants technocrates et d'une majorité bêlante abreuvée de téléréalité et de réussite scandaleuse et sans effort.

Les pédagogues ont beau jeu de présenter des projets pédagogiques qu'ils sont seuls à comprendre ! Ils évitent ainsi la critique, se réfugient derrière leur pseudoscience jargonnante lorsqu'on les attaque. Ils méprisent ceux qui ne les « checkent » pas. Je me suis fait inviter par plusieurs d'entre eux depuis la sortie des *Profs au feu*, par les plus ouverts et les plus sympathiques qui cherchaient à nouer un dialogue. J'ai dû constater avec eux que d'aucuns, dans leur confrérie, n'étaient pas prêts à remettre leurs certitudes en question et à en discuter avec quelqu'un qui ne porte pas leurs titres de noblesse.

Ces derniers sont devenus un outil du pouvoir. Ils sont exploités pour emballer la réalité dans un discours pompeux et des statistiques hypnotiques : ils perdent la population, font confondre le réel et les besoins du réel avec des projections verbeuses qui n'ont d'autre objectif que de brouiller les cartes sous couvert de discours pédagogico-égalitaire. D'un côté, les libéraux qui désirent une école utilitaire au service de l'entreprise, de l'autre, les socialistes qui imposent une école nivelée par le bas au service d'un discours égalitaire. Dans ce système vicieux, les idées et les dogmes ont pris plus d'importance que les besoins réels de la population, que la transmission des savoirs et de la culture.

Une société qui perd le lien avec ses forces vives, avec la base qui la constitue, et qui n'accorde plus qu'aux élites pouvoir et langage marche vers sa propre destruction. Ce n'est pas en jetant quelques miettes aux ouvriers de la sidérurgie, aux travailleurs du secteur automobile en berne et à tous ces gens en quête d'emploi qu'on trouvera des solutions à long terme et qu'on recréera de l'espoir.

Il faut sortir des discours flottants et, dans les programmes notamment, retrouver un langage précis et compréhensible par tous. Un jeune collègue enthousiaste, frais émoulu de ses études et se lançant dans le métier d'enseignant avec, dans les yeux, des perles de lumière, est venu me demander récemment quelle matière il pourrait proposer à ses élèves : il avait lu le programme, mais n'y avait rien compris ! À quoi doit-on former les jeunes enseignants ? À tenir leurs classes, à transmettre des savoirs et des savoir-faire à leurs élèves, à participer au travail d'une équipe pédagogique ou à comprendre le jargon de quelques illuminés ?

Le devoir du ministère de l'Enseignement est de fournir aux professeurs, mais aussi aux directions d'école et aux parents, sans parler des élèves qui en seront les premiers bénéficiaires, des référentiels complets qui créent le lien entre tous les participants du processus éducatif et pas des programmes codés dont même Indiana Jones ne trouverait pas la clé !

5

Je créerais de l'espoir

L'école ne doit pas servir à fournir à la société les hommes et les femmes dont elle a besoin, mais à permettre à chacun d'avoir accès aux moyens lui permettant de construire son intelligence.

Albert JACQUARD,
J'accuse l'économie triomphante.

La perte de sens est parallèle à un déficit d'espérance. Lorsque je débats avec les adolescents (et outre mes élèves, j'en rencontre beaucoup), je constate avec tristesse qu'ils manquent d'espoir, de valeurs et de projets. Non parce qu'ils sont amorphes, mais parce qu'ils n'en trouvent plus dans une société consumériste qui leur offre la croissance pour seul projet de vie et la crise en plat principal. Ceux dont les parents s'en sortent bien haussent les épaules avec indifférence et entrent dans le rang. Les autres, chez qui la misère et les difficultés pointent le bout de leur nez, se tournent souvent vers la violence et les extrémismes. Les jeunes adolescents de 2014 sont nés avec le 11 septembre 2001 et il faut reconnaître que depuis lors, les adultes ne leur ont pas proposé un menu de vie appétissant. Ce monde froid, déshumanisé comme les lois qui l'encadrent maladroitement, conduit à un repli vers des valeurs identitaires qui permettent de rejeter la faute du malaise commun sur les franges les plus fragiles et différentes de la population. Dans les années trente, on n'a pas fait pire...

Oser sortir des rangs

Le dialogue se rompt aussi à l'école où, lentement, la confiance entre parents et enseignants a été fragilisée. Le maître, à qui l'on confiait l'instruction de son enfant, est devenu, au fil des décrets qui ont sapé sa crédibilité et son autorité, un être sans consistance qui ne représente plus grand-chose et sur lequel certains parents tirent à vue. Le système des recours remet en question l'honnêteté intellectuelle des professeurs et, comme toujours, sous prétexte de quelques erreurs et d'une minorité d'exagérations révoltantes mais humaines, on torpille le bateau et ses occupants. Les lois encadrent les professeurs de manière de plus en plus étroite et directive, comme dans la plupart des domaines. Nous vivons dans une société outrageusement légaliste qui vit dans le besoin du contrôle et la peur du politiquement incorrect. Par ce contrôle maniaque, elle se coupe de son élan, de ses forces vives ; elle n'alimente plus le rêve d'un avenir meilleur. Si l'on ne se met plus en mouvement par crainte du gendarme, si l'on ne prend plus de risques par peur de la faute ou, pire encore, de l'erreur de procédure, si l'on vit les yeux fixés sur les règles à respecter, on perd toute envie d'innover, de vivre.

Si la situation est aussi grave, pourquoi les enseignants ne se révoltent-ils pas ? Pourquoi ne descendent-ils pas dans la rue ? Alors qu'ils sont outrés par les tests d'évaluation imposés par le ministère, par le surcroît de travail inutile et le dégoût que cela suscite dans leurs classes, pourquoi acceptent-ils de les faire passer par leurs élèves ? J'ai répondu par une question à un journaliste qui m'interrogeait à ce propos : « Pourquoi les facteurs ne se mettent-ils pas tous en grève quand ils découvrent le salaire crapuleux de leur patron ? » Pourquoi, nous tous, autant que nous sommes, surtout celles et ceux qui ont de plus en plus de difficultés à nouer les deux bouts, pourquoi acceptons-nous les plantureuses rémunérations des grands patrons, leurs bonus scandaleux et autres parachutes dorés, pourquoi ne nous révoltons-nous pas depuis la crise financière de 2008, générée non par l'économie réelle, mais par la spéculation ? Pourquoi acceptons-nous que les activités des banques n'aient toujours pas été totalement scindées alors que tous savent qu'une nouvelle crise nous pend au nez si nous permettons encore aux banquiers de spéculer avec l'épargne de la population ? Pourquoi les politiques n'imposent-ils pas les lois que leurs prédécesseurs ont eu le courage de voter après le cataclysme financier de 1929 ? Pourquoi acceptons-nous qu'ils nous présentent comme des victoires ce qui ne sont que des demi-défaites ?

Réponse : chacun hausse les épaules. Le monde est devenu si compliqué, on n'y comprend plus rien... « Je suis d'accord avec vous, mais que voulez-vous que je change, tout seul ? » Et c'est ainsi que nous offrons notre liberté aux spécialistes, aux théoriciens, aux technocrates qui créent un monde destiné à les enrichir plus encore et qui ne cherchent plus le bien commun. C'est ainsi que nous nions notre pouvoir et que nous crachons sur la démocratie. Par manque de courage, par abandon, par écœurement. Chacun de nous se coupe de sa force vive, de son élan et se contente de bêler avec la masse. Et ceux qui font moins dans la nuance, parce que souvent la misère les rejoint, râlent lâchement et bêtement en votant glauque… pour l'extrême droite et ses sinistres représentants. Sans prendre de responsabilité pour autant et en crachant sur l'autre.

« Indignez-vous ! », lançait Stéphane Hessel, qui savait si bien que l'indifférence et le manque d'engagement tuent, au propre comme au figuré.

Je râle, donc j'existe !

Je râle, donc j'existe ! Ce devrait être la devise de certains parents et de tant de personnes à qui la société ne donne plus de place. Les gens qui votent Front National disent leur révolte contre le système, mais ils se trompent de casting et de cible. Malheureusement pour la démocratie, seuls ses ennemis tiennent encore un discours compréhensible par le plus grand nombre. Les extrémismes et les nationalismes ont les idées courtes, mais un langage clair : c'est pour cela qu'ils ont le vent en poupe. Les démocrates, englués dans un discours lénifiant et lisse, perdent des plumes à force de ne plus proposer à la population un langage dans lequel elle se reconnaît.

Les responsables socialistes chantent les bienfaits d'une école égalitaire tout en avouant qu'ils n'ont pas les moyens de la créer et ils rabâchent leurs slogans invariables, présentés comme des dogmes. Selon eux, les classes hétérogènes permettent de développer des compétences qui vont au-delà des programmes, à quoi certains de leurs collègues répondent qu'une école qui va au-delà des programmes est perverse ! Ils croient que les enfants les plus faibles sont accrochés par les plus forts qui participent à la solidarité en servant de tuteurs. Des idées selon lesquelles tout le monde sortirait gagnant des classes hétérogènes alors que, sur le terrain, les professeurs constatent que cela ne fonctionne pas. Ceux qui osent élever le ton se font traiter de conservateurs, de racistes, par ces éminences de la bonne conscience collective qui ne mouillent pas leur maillot et touchent au minimum trois fois leur salaire.

D'un côté, un discours égalitaire, de l'autre, des actes et une manière de se comporter qui ne le sont pas. Où est la crédibilité ? Les acteurs de terrain se posent amèrement la question. Il est facile, lorsqu'on est en position de pouvoir, de cultiver des discours lénifiants sur l'égalité. Il est facile, lorsqu'on habite des forteresses dorées de défendre la population de Schaerbeek ou de Molenbeek. Il est facile et honteux d'être passionnément et théoriquement égalitaire dans son discours quand on vit à l'égal des plus riches.

« J'aime les pauvres... » dit le riche

L'accès aux médias dont bénéficient les puissants leur permet de faire peur et de faire la loi. Leur discours pseudo-démocratique ne peut être remis en question et il est mal vu de le critiquer. La première remise en question de leur discours démagogique s'accompagne inévitablement d'accusations d'antidémocratisme et d'encouragement à une société injuste. La boucle est bouclée : ils ont pris le pouvoir, celui des mots et celui des lois et, même si la population ne peut que constater avec indignation et écœurement que les paroles et les actes de certains responsables ne sont plus liés, elle a perdu le pouvoir, ou l'espoir, de modifier la donne. Les puissants fustigent l'inégalité sociale tout en gagnant le pactole en tant que responsables de l'intégration des plus faibles. Ils tiennent des propos égalitaristes et s'octroient tous les bénéfices : le Beur, le vote du Beur et l'arôme de la couscoussière ! Les exemples se multiplient et se ressemblent. Certains responsables pratiquent l'art du grand écart. Pour une gestion plus saine de la société et de l'école, il conviendrait de recréer une parole juste, ancrée dans le réel. Une parole qui remplacerait les projections idéales prônées mais jamais pratiquées par ceux qui les promeuvent.

Fais ce que tu dis et dis ce que tu fais. Le monde fonctionnerait tellement mieux ! Axée sur des savoirs et des savoir-faire précis, l'école retrouverait sa crédibilité auprès des parents et les professeurs gagneraient en crédit. On renouerait ainsi le lien que les technocrates, les avalanches de décrets et la dictature des pédagogues en chambre ont rompu. Marie-Martine Schyns l'a souligné : l'école n'appartient pas aux seuls professeurs et il est important, pour qu'elle fonctionne, que chacun accepte de se mettre autour de la table pour en discuter. De la même manière, le discours sur l'école ne peut pas être la propriété de ceux qui la pensent et qui la gèrent en vase clos avec les syndicats. Avancer vers le bon sens, c'est construire ensemble une école pour tous, pas une école coupée de ses bases : les parents, les élèves et les professeurs. De la même manière, notre parlement est censé représenter notre société et ses diverses couches de population : au fil des années, il s'est transformé en un club de nantis et un repère de technocrates qui n'ont, avec la population, que des liens lointains et superficiels. Cela permet à certains qui ont le sens du show et qui sont particulièrement aptes à utiliser les médias de rester démesurément populaires. Les gens votent pour ceux qui leur ressemblent, qui leur sont proches. Les gens admirent ceux qui parlent le même langage qu'eux.

Réduire le fossé entre les mots et les maux

C'est logique : nous plaçons nos espérances dans des programmes compréhensibles, qui se raccrochent aux réalités que nous connaissons. Une école de l'excellence telle que je la conçois crée des liens entre les différentes couches de la population et est en même temps intergénérationnelle, offrant à chacun de retrouver du sens à ce qu'il y apprend. À force de vouloir se renouveler à tout prix, l'école a brisé ce qui faisait sa lisibilité. L'école égalitaire, qui ne s'est jamais donné les moyens de l'être, est vouée à l'échec. Plutôt que d'entretenir un discours concrètement impayable, il vaudrait mieux se retrousser les manches et voir, avec les moyens dont on dispose, ce qu'on peut mettre en œuvre pour améliorer la situation sur le terrain. Cela, les enseignants qui vivent loin des beaux discours et des grandes théories sont capables de le faire et c'est pour cette raison qu'il est urgent de leur accorder la confiance qu'ils méritent. Sans cela, on ne cessera d'élargir le fossé entre les mots et les maux, entre des paroles de vent et des mots de colère. Avec un scénario où dégoût et violence seront les héros.

À un parent qui demande : « Qu'apprend encore mon enfant à l'école ? », on devrait pouvoir répondre rapidement et clairement, et pas comme aujourd'hui lui servir des phrases vides de sens et de matière. Il faut cesser d'embrumer les gens. Pour avancer, l'enfant aussi a besoin de savoir où il va, mais la complexité ambiante lui ôte tout espoir de point de repère. On analyse, on étudie, on disserte, on teste, on contrôle, on évalue, mais si les premiers clients de l'école n'en comprennent pas le menu, cela ne sert à rien.

Plus que de s'occuper d'objectifs à atteindre et de créer des situations-problèmes où se développent mille et une compétences énumérées de manière interminable, il faudrait s'occuper du présent, de la réalité des enfants, et les aider à apprendre ce qu'ils ne savent pas. La formule est facile, mais elle colle parfaitement à ce qui se passe aujourd'hui : « Moins de bla-bla, des résultats. » Si les enfants reviennent de l'école en pouvant raconter à leurs parents ce qu'ils y ont appris, celle-ci semblera à nouveau efficace et le lien se retissera immanquablement entre l'institution scolaire et les familles.

Ainsi, la confiance renaîtra et, avec elle, le respect que les parents n'ont plus pour l'école. Les enseignants retrouveront un peu de l'autorité qu'ils ont perdue et leur métier regagnera en visibilité et en crédibilité. Les futurs candidats enseignants choisiront la voie de l'enseignement par fierté et par envie plutôt que par dépit. Ne le nions pas, ils sont bien trop nombreux ceux qui s'engagent aujourd'hui dans l'enseignement parce qu'ils n'ont pas réussi ailleurs.

Il est important aussi, et une école plus lisible pourrait le permettre, que les hommes retrouvent le chemin du métier d'enseignant. Pas parce que les femmes qui l'exercent le font moins bien, mais parce que les enfants qui fréquentent l'école ont besoin d'y vivre un équilibre entre masculin et féminin. Les repères de l'école ne peuvent pas être exclusivement féminins : trop souvent encore, les métiers féminisés sont associés à des sous-professions dans l'esprit des adolescents. Mal payé et chahuté de toutes parts, comment le boulot d'enseignant peut-il encore espérer attirer des jeunes remplis d'ambition et de désir de réussite ? Là où un couvreur demande facilement trois cent cinquante euros pour une heure de travail (il faut reconnaître qu'il fournit quelques tuiles et un peu de plomb), un professeur en demande vingt-cinq avec mauvaise conscience. Les jeunes ne sont pas dupes et sourient. Les pays qui réussissent l'école ont compris depuis longtemps qu'il fallait revaloriser le métier et que cela ne se faisait pas à coups de mots et d'affiches dans les couloirs des gares.

6

Je donnerais la primauté à l'éducation et à la culture

Il serait cependant injuste et absurde de nier certaines avancées de la modernité dans les domaines politique, technologique, médical, etc. Mais les acquis positifs, au lieu de venir enrichir les acquis antérieurs, en ont fait table rase, comme si le génie de l'humanité n'avait été avant nous qu'obscurantisme, ignorance et superstition. C'est à cette arrogance totalitaire que nous devons l'uniformisation et la standardisation du monde d'un pôle à l'autre.

Pierre RABHI,
Vers la sobriété heureuse.

L'école doit redevenir prioritaire ; l'économie et la finance doivent céder de la place au profit de la culture et de l'éducation. Une société focalisée sur le rendement et la performance ne réfléchit plus. Tendue vers un futur qui ne profite qu'à quelques-uns, elle ne s'occupe plus du présent. Elle crée des êtres non plus axés sur le bien-être de tous, ce fameux Bonheur National Brut dont je parlais, mais tendus vers leur réussite personnelle. Des barbares avides, sans réflexion et sans humilité. Il est urgent de renouer avec l'intelligence pour tous et de résister au projet de quelques-uns : celui de créer des légions de crétins malléables et corvéables à merci. Les gouvernements ne peuvent pas se rendre complices de cet état des choses. Mieux, ils ont le devoir de le dénoncer.

Dans une société démocratique et créative, l'école ne peut faire office de lieu de formatage. Elle ne peut se contenter de cibler les compétences utilitaires sans se soucier de l'apprentissage de la réflexion et de la formation de l'esprit critique. Déclinée en batterie de tests d'évaluation impersonnels et pseudo-scientifiques, engoncée dans un carcan de compétences, technocratique et déshumanisée, l'école perd son sens et, en même temps, sa place dans la société.

L'école doit se libérer des mains d'une minorité vociférante qui a kidnappé le discours démocratique. Elle doit s'imposer comme espace de débats, de remise en question et d'expériences ; elle doit éveiller les consciences et les activer, voire les rendre désobéissantes. Tout le contraire en tout cas d'un endormissement, d'un formatage outrageux et débilitant. Les jeunes enseignants qui, aujourd'hui, prêtent le beau serment de Socrate à la fin de leurs études, doivent refuser fermement de formater leurs élèves et de les transformer en cobayes.

Si l'on considère que l'école peut se contenter d'être un outil au service du monde de l'économie et de la finance, celle-ci n'a plus de raison d'être. L'enseignement public n'a pas à former les esclaves qui seront pressés comme des citrons dans le secteur privé. Notre société vit une dérive d'autant plus terrible qu'elle est insidieuse. Les voix qui s'élèvent pour la dénoncer sont appelées à se taire sous prétexte de crise pendant que l'économique et le repli identitaire prennent le pas sur ce qui construit notre humanité : l'éducation, la culture, le partage des différences et l'ouverture à l'autre. On saupoudre le tout de sports et de séries policières accrocheuses et le tour est joué : le peuple drogué et dupé remet les clefs de la ville dans les mains des fourbes qui veulent la vendre !

Confrontés au cynisme capitaliste qui ne cherche qu'à transformer les hommes en outils de profit et de production, les socialistes et autres acteurs de la gauche opposent un discours lénifiant et acceptent de participer à un univers de barbouzes où seuls les plus puissants ont tous les droits. Où sont les Zola, les Jaurès et autres défenseurs du peuple ? Les intellectuels de gauche sont devenus timides, frileux et n'ouvrent plus la bouche que pour accepter, moyennant quelques aménagements et quelques amendements dont ils se glorifient piteusement, les propositions de la droite et de l'univers de la finance.

Et chacun, prisonnier de son confort, dodeline du chef et laisse se démembrer une société du partage que les générations précédentes ont mis des décennies à construire. Comment ne pas comprendre l'indignation de feu Stéphane Hessel : voir détruit aussi rapidement, en toute inconscience, ce que les hommes de son envergure ont consacré leur vie à construire !

Arrêtez de vivre dans vos bulles de champagne

L'école a le devoir de transmettre à tous l'éducation et la culture dont chacun a besoin pour se défendre dans la vie. L'école a le devoir de former des esprits critiques et forts qui sauront se libérer des diktats et proposer de nouvelles pistes au monde. L'école devrait être honteuse d'accepter de formater les consciences et de tuer les libertés : elle renonce ainsi à sa vocation de bastion où l'on apprend à se défendre et à combattre les dictatures de l'esprit (et les autres !). Autrement dit, elle perd toute raison d'être.

Depuis la sortie des *Profs au feu*, des dizaines de personnes m'ont demandé s'il fallait une révolution pour remettre les pendules à l'heure. Chaque fois, j'ai été étonné, mais surtout alarmé par la question. Certains citoyens commenceraient-ils à ouvrir les yeux et à se sentir floués par un monde politique sourd et fonctionnant en vase clos ? Tant qu'il reste de l'espoir, on ne pense pas à descendre dans la rue, mais devant une perte de sens générale, on fourbit ses larmes ! Les politiques jouent avec le feu : ce n'est pas en ignorant les difficultés que rencontrent de plus en plus de gens, ce n'est pas en répétant les mêmes sérénades sans les accompagner d'actes réparateurs qu'on soignera les plaies d'une société de moins en moins juste et qu'on adoptera un nouveau pacte social. La colère gronde, la révolte est aux portes des maisons et, pendant ce temps, dans l'univers de ceux qui nous gouvernent, on esquisse un pas de valse ! Les privilégiés profitent trop du champagne de la terre et, pour des milliards d'individus, la coupe est pleine parce que la leur est vide ! Arrêtez de vivre dans vos bulles, mesdames et messieurs les décideurs ! L'Histoire devrait vous servir d'exemple et vous éviter de reproduire les situations qui ont conduit à couper le cou à vos semblables.

Les pauvres, que l'école n'éduque plus afin de vous aider à les asservir, se transforment en barbares et en extrémistes. L'homme ne se contente jamais longtemps d'être relégué au rang de consommateur aveugle. Quel que soit son degré d'éducation, l'homme a toujours soif d'indépendance, de liberté et de bien-être. Pour vivre, l'être humain doit pouvoir cultiver du rêve et notre société, tout en proposant du rêve à gogo, tue les rêves de plus en plus de gens, particulièrement ceux des jeunes.

Lorsque les légions de crétins que vous n'aurez plus réussi à formater se mettront en marche, il sera trop tard pour mettre le doigt sur la couture de votre pantalon. Cela mettra encore un peu de temps avant de dégénérer complètement et vous aurez, d'ici là, encore profité de quelques bonus scandaleux mais, en agissant ainsi, vous préparez à vos enfants et à vos petits-enfants un monde où il ne fera pas bon vivre. L'exemple de la Grèce étouffée par les technocrates européens avides de croissance continue ne vous a-t-il pas suffi ? D'un côté, les privilégiés autistes de la Commission européenne, de l'autre, une population exsangue et désespérée dont les éléments les plus fragilisés se tournent vers un parti néonazi qui développe, dans le berceau même de la démocratie, une aube sanglante !

La culture comme vecteur d'avenir

Il est essentiel que l'école redevienne un vecteur de culture et d'ouverture au monde, un réel vecteur, pas seulement dans les pages de programmes abscons qui enveloppent la liberté de mille techniques tout en vantant ses valeurs. La liberté s'expérimente dans le réel, pas dans des grilles d'évaluation ni dans des situations-problèmes coupées de la vie. L'étude des livres qui se résume à un décorticage pédagogicotechnique n'exerce plus la faculté de rêver et n'alimente plus le plaisir de l'émerveillement. Ce ne sont pas des techniques qu'il faut chercher dans un texte, mais les hommes et les femmes qui l'ont produit, leur sens de la révolte, leur faculté d'émerveillement, ce qu'ils nous transmettent, à travers leurs mots, pour nous apprendre à mieux vivre et à créer une société meilleure.

La culture est un vecteur d'ouverture, de questionnements, de liberté et c'est pour cela qu'elle doit être prioritaire dans une société démocratique. La culture est un lieu de débats et c'est la raison pour laquelle les technocrates la honnissent : de débats, il ne doit pas y en avoir aux yeux de ces spécialistes qui emprisonnent la pensée dans des colonnes de chiffres, des sondages et d'incompréhensibles tableaux statistiques. Le débat est clos, l'école s'éteint et la société se meurt. Les pseudo-scientifiques bardés de diplômes et de certitudes font taire les humanistes qu'ils voient comme amuseurs, comme « bricoleurs de génie » parce qu'ils ne parlent pas en chiffres. Et les supposés savants de créer leurs milices inspectorales afin de faire rentrer dans le rang celles et ceux qui osent encore en sortir.

Lorsque le bruit des bottes claque plus fort que le souffle des mots, si l'on ne veut pas abandonner sa conscience et sa fierté, il faut s'indigner, comme l'ont fait tous les chantres de la liberté, quelle que soit leur culture d'origine. Alors, aux questions sans cesse renouvelées, je réponds à présent que oui, je crois qu'il ne faut plus seulement résister, mais faire entendre un cri de révolte, un cri de dégoût, un cri de fierté. Pas simplement un jappement de toutou dont les bottés en chef se moquent. « Liberté, j'écris ton nom » écrivait Paul Éluard. Cette liberté chérie qu'on ne gagne que par l'éducation et la culture.

Résister dans son coin derrière la porte de sa classe comme le font depuis des années des centaines d'enseignants fiers de leur métier, est salutaire et courageux, mais il est important, aujourd'hui, de se rassembler autour du même cri d'alarme pour faire bouger les lignes sans détruire toute la maison pour autant. Même si ceux qui les conduisent doivent faire preuve de fermeté, les meilleures révolutions se sont toujours faites dans le respect et dans l'écoute des autres. Les grands hommes du XXe siècle, de Gandhi à Mandela en passant par Luther King, l'ont prouvé.

Un surcroît de confiance

Il est primordial que les politiques qui annoncent que l'école est leur priorité accompagnent leurs déclarations d'actes forts. L'école n'a pas besoin de nouvelles tables rondes ou de colloques pompeux qui analysent pourquoi elle va mal. L'école a besoin d'un surcroît de confiance.

Cette confiance s'articule en deux volets: elle doit être accordée aux enseignants par les politiques, mais c'est aussi aux enseignants, s'ils veulent retrouver le devant de la scène, qu'il revient de prendre les rênes de leur métier et de dire non à ce et à ceux qui les envoient, eux et leurs élèves, en absurdie. Ils ont été si nombreux à me féliciter d'avoir osé écrire ce qu'ils pensaient tout bas, ils m'ont écrit par dizaines que j'étais leur porte-parole et qu'il fallait que je les défende, certains m'ont même proposé de me lancer dans l'arène politique en m'assurant qu'ils voteraient pour moi. C'est sympathique, mais ce n'est pas la bonne piste. Je suis, comme eux, un professeur qui tente d'agir pour que ses élèves s'épanouissent et se développent. Ce n'est pas un livre, voire deux avec celui-ci, qui fera de moi un homme providentiel.

Pour que l'école soit prioritaire, il faut que les professeurs cessent de déléguer leur pouvoir et qu'ils se risquent dans l'arène. Les vaines grèves des années 1990 ont brisé bien des enthousiasmes et il faut reconnaître que les syndicats restent curieusement absents lorsqu'il s'agit de parler de pédagogie. Ils laissent trop volontiers cette patate chaude aux spécialistes du ministère. Il appartient cependant aux professeurs de tirer le signal d'alarme et de se rassembler pour leur métier.

« L'école mérite mieux qu'un pamphlet », a écrit Marie-Martine Schyns. J'écris ce nouveau livre parce qu'elle a raison. L'école, et surtout notre démocratie, méritent notre attention, des politiques aux enseignants en passant par les parents et les élèves. Il est temps de les réenchanter, primordial de ne pas s'abstenir de donner une opinion, d'exercer son droit de vote, tout en ne se laissant pas happer par un négativisme destructeur. Il est vital de susciter des enthousiasmes qui redynamisent un monde enfermé dans une pensée unique, celle de la croissance et de l'argent : la vie, l'être humain valent mieux que cela. C'est ensemble que nous devons développer ces suppléments d'âme.

L'école prioritaire et créative redynamisera l'espérance. Nous mourons de focaliser notre vie sur les performances à atteindre et sur les compétences à mettre en œuvre, nous dépérissons de nous retrancher derrière des techniques et des statistiques : avant toute chose, l'école doit demeurer un lieu d'humanisme, celui-là même initié par Montaigne et réinventé par les philosophes des Lumières, cet humanisme qui a permis au monde de se construire et à nos sociétés d'être, malgré l'horreur des guerres, des modèles d'économie sociale protégeant le plus grand nombre, jusqu'à la folie néolibérale et liberticide de la fin du XXe siècle.

Cette école prioritaire a besoin des enseignants pour vivre, car ils sont l'essence qui la fait avancer. Si les professeurs ne croient plus en eux et en leur métier, si, sous prétexte qu'ils ne comprennent plus rien de ce qu'on exige d'eux, ils baissent les bras et abandonnent l'école aux mains de ceux qui la détruisent, nous sombrerons tous ensemble dans le marasme. Aux professeurs de refuser des règlements absurdes, des exigences impraticables, aux professeurs de se rassembler, malgré leur désarroi et leurs hésitations, pour clamer haut et fort la fierté qu'ils ont d'enseigner et le désespoir qu'ils vivent de ne plus pouvoir exercer leur métier comme un art.

Si la base remue suffisamment pour que les politiques l'entendent, l'école pourrait sortir de l'absurdie où elle a été enfermée. Les politiques peuvent être nos alliés ; nous avons certes besoin d'eux, mais ils ont aussi et surtout besoin de nous pour être élus. Il est important que nous le leur fassions sentir à travers des demandes fermes et claires. S'ils sentent qu'on leur donne la main, ils prendront le bras, mais s'ils savent qu'ils perdront la main s'ils nous déçoivent, ils réfléchiront davantage aux enjeux de leurs décisions.

Une école prioritaire ne coûtera pas plus cher à l'État, mais les finances de celui-ci seront mieux utilisées. Comme je l'ai proposé plus haut, renvoyons dans les écoles les innombrables personnes qui vivent de l'enseignement sans plus enseigner et profitons des compétences et des lumières qu'elles ont développées lors de leurs recherches. Elles trouveront sans doute, et avec plaisir, de la matière et du vivant dans les classes difficiles. Elles y mettront leurs théories à l'épreuve, les amélioreront afin de les rendre praticables afin qu'elles servent à tout le monde, dans un esprit de collaboration et de partage.

7

Je serais rassembleur plutôt que diviseur

Dans notre société démocratique et pacifiée, nos hommes politiques n'ont pas forcément traversé des épreuves, la guerre, la Résistance. À présent, ils sont issus des appareils politiques. Mais la grandeur devrait s'exprimer dans des actes de transformation concrète. Si nous réussissions, par exemple, à donner à chaque enfant une bonne éducation, nous aurions accompli une grande mission.

Jack LANG, « Un géant »,
Paris Match, 12 décembre 2013.

Qu'enfin, l'école devienne un lieu de rassemblement plutôt qu'un espace de discorde où, plutôt que de s'occuper du bien commun, chaque parti s'attache avant tout à se mettre en valeur. Que se taisent les discours particuliers au profit d'un discours général, que les libéraux cessent de nuire aux élans socialistes et que ceux-ci traitent avec moins de mépris, de hauteur et de dogmatisme ceux qui proposent des solutions qui ne sont pas les leurs. L'école n'est pas un lieu pour engranger des voix et rédiger de belles théories. On doit y travailler au bien-être et à l'éducation de centaines de milliers d'enfants et d'adolescents. Les politiques retrouveront du crédit auprès de la population s'ils s'occupent de ses préoccupations réelles et s'ils cessent de jouer à l'écart du monde.

L'école retrouvera son aura perdue si elle se montre capable de faire son autocritique et si elle cesse de s'enfermer dans une pensée unique et dogmatique. Si les spécialistes de l'éducation ont le devoir de proposer des pistes, il faut aussi qu'ils se montrent suffisamment humbles pour renoncer à celles qui se révèlent nocives sur le terrain. Que chacun cesse de s'accrocher à ses idées et que chacun aille vers l'autre avec une volonté concrète de consensus. L'école égalitaire voulue par les socialistes n'est pas démocratique dans la mesure où elle impose son modèle à tous. Quant à l'école du libre choix, elle est à l'image du capitalisme et rejette celles et ceux qui sont blessés par la vie. Si chacun campe sur ses positions et rejette les projets de l'autre, rien n'avancera et la Belgique continuera d'être à la traîne tout en dépensant des dizaines de millions pour un enseignement qui fonctionne mal.

Construire l'État

Un exemple parfait : le sacro-saint pacte scolaire. Il génère des dépenses considérables dans le seul but de maintenir des réseaux qui n'ont plus de raison d'être. Si ce n'est de permettre à quelques-uns de conserver leurs privilèges dans une société multiculturelle et multisociale qui n'a que faire de ces découpages d'un autre âge. N'est-il pas grand temps de nous libérer du carcan de ce pacte qui sent le vieux et sous-entend un état de guerre ? Pourquoi faire compliqué ? Sans doute parce que chacun défend sa part du gâteau, que chaque parti tire la couverture à lui et craint de choquer ses électeurs les plus extrémistes. Alors, pour éviter trop de vagues, les responsables se transforment en équilibristes de génie, en illusionnistes faisant passer les déséquilibres pour des parangons d'harmonie. Elio Di Rupo, grand prestidigitateur devant l'Éternel, est un maître dans ce domaine. L'homme, profondément intelligent, participe à un système malade et, du fait de sa participation à celui-ci, le justifie. Il ferait mieux, bien entendu, d'utiliser son talent à des causes plus nobles et il ferait bien de taper parfois sur la table pour remettre en place les ploucs qui lui farcissent les oreilles de leurs exigences égotistes.

Il est facile de lancer dans un livre des pistes probablement inapplicables sur le terrain du fait de l'inextricable complication dans laquelle nous nous sommes enfermés au fil des dernières décennies. Je ne suis pas un praticien de la politique et je ne connais pas les difficultés et les innombrables pressions que subissent ceux qui se lancent courageusement dans l'arène de la gestion d'un État. Mais il est un devoir que ceux qui choisissent de participer à cette belle tâche ne doivent pas oublier : ils obtiennent le pouvoir pour se mettre au service de la population et pas pour le pouvoir lui-même. Ni pour eux, ni pour élargir la zone d'influence du parti dont ils défendent les idées.

La Belgique a ceci de particulier qu'elle permet à des gens de demeurer au gouvernail de l'État pendant des décennies. Certains visages ne nous ont pas quittés depuis les années quatre-vingt et nous sommes en 2014. Le jeu de chaises musicales se perpétue entre ennemis qui se côtoient chaleureusement autour d'une coupe de champagne et de petits-fours au saumon après avoir montré les dents sur des plateaux de télévision. Et on avance à petits pas, à très petits pas, en revendiquant des mini-victoires que ceux de l'autre bord transforment en mini-défaites lorsque, comme parfois, le « centre de gravité » du pays bascule. Et c'est précisément là que le jeu devient malsain : tout en attaquant son adversaire, chacun se préserve. Et plutôt que de participer à l'élan de construction de l'État, la population assiste à l'amer feuilleton télévisé des dissensions, des marchandages et des rabibochements d'une équipe de meilleurs ennemis éternellement au pouvoir.

Un humanisme novateur

L'économie et la finance triomphantes qui nous ont entraînés dans la spirale mortifère de leur délire, la technocratie méprisante qui a coupé le lien nécessaire entre la population et les gouvernants, doivent être remplacées par un humanisme novateur qui oserait mettre à l'honneur un droit au bonheur et à une vie respectable pour chacun.

Est-ce l'utopie d'un penseur en chambre (comme ces pédagogues que j'ai vertement critiqués !) qui ne connaît rien à l'homme et à sa soif de pouvoir ? Sans doute, en partie, mais je n'impose rien. Je propose simplement de vivre la vie en mieux. Tel qu'il fonctionne, le monde court à sa perte et ma gentille utopie aura le mérite d'entraîner la disparition de ceux qui le pillent. J'ai l'impression, en écrivant ces lignes, d'énoncer des arguments de bon sens. On ne peut pas tout avoir pour soi sans rien donner à l'autre, on ne peut pas augmenter infiniment ses profits en dépouillant chaque fois plus ceux qui possèdent déjà peu. On ne peut pas, à long terme, se satisfaire de légions de sous-diplômés grégaires, transformés en esclaves du capital ou du socialisme vécu comme un dogme stalinien.

Chacun a droit à l'espoir et au rêve. Chacun doit pouvoir croire qu'il peut réussir sa vie et chacun doit pouvoir en saisir la possibilité en trouvant à l'école et dans la société des moyens de s'élever s'il le désire. Chacun, quelles que soient sa condition, ses croyances et ses origines, doit avoir la capacité de gravir les échelons d'une société exigeante, mais ouverte à tous. Chacun doit, s'il le veut, recevoir les moyens d'intégrer les rangs de l'élite et, pour ceux qui n'en ont pas les capacités ou qui n'en cultivent pas l'élan, il faut que la société tende des filets pour les empêcher de tomber trop bas.

On ne peut imposer l'excellence à quelqu'un qui n'en veut pas, pas plus qu'on n'a le droit de brader la réussite pour l'offrir à tous. Dans les deux cas, il s'agit d'une grave perversion. La société et l'école doivent accorder de la place à une exigence certes bienveillante, mais à une réelle exigence si nous voulons sortir du marasme moral dans lequel tant de personnes végètent.

C'est à nouveau d'espoir qu'il s'agit. L'école doit se fixer des objectifs clairs et rigoureux afin que ceux qui la fréquentent retrouvent un but à atteindre et la fierté d'y parvenir. Que tous puissent se rassembler derrière un idéal plutôt que de se ramollir dans l'indifférence et la déception. L'espoir naît lorsque chacun de nous a envie de dépasser ses limites et qu'il met tout en œuvre pour y arriver, pas lorsqu'on vit dans un mol abandon sans plus rien espérer.

On ne peut baisser les exigences jusqu'au niveau de ceux qui n'ont aucune motivation pour leur faire croire, en leur mentant effrontément, qu'ils sont capables de quelque chose. Distribuons les idées généreuses à ceux qui en veulent et aidons ceux qui n'en veulent pas à ne pas sombrer dans leur misère en leur offrant des formations qui leur permettront de vivre et de garder une fierté, mais cessons de croire que tout le monde a les mêmes capacités, même si tout le monde est égal devant la loi.

Le projet d'une école égalitaire oublie, avec un aveuglement enfantin, que chacun fait ce qu'il veut de sa vie et qu'une société de la réussite ne se décrète pas. Il faut tenir compte des individus et les respecter dans leurs différences. Les exclus se sentent encore plus exclus dans un projet égalitaire qui s'est fait une idée de leur bonheur sans leur demander leur avis. Pour réussir l'école, il faut partir de chacun, de ses possibilités et travailler avec lui pour le mener plus loin. Il faut cesser de faire circuler des idées vides de sens qui font croire que, dans une classe, les meilleurs entraînent les faibles. Cela justifie le capitalisme le plus dur : les quelques locomotives de notre système accrochent-elles les wagons qui sortent de leur misère motivés par les salaires mirobolants et les bonus des grands patrons ? La réalité le montre clairement : plus les grands patrons gagnent, plus il y a de pauvres et moins il existe d'emplois et d'équité sociale.

Croire que les niveaux dans les classes vont s'autoréguler en mélangeant les meilleurs avec les plus faibles est une imbécillité. S'il y a une majorité de bons élèves dans une classe, les moins bons seront largués malgré toute la pédagogie différenciée que le professeur mettra en œuvre et, dans le cas contraire, ce seront les bons qui baisseront les bras. À moins de travailler avec de très petits groupes, ce qui, en général, n'est pas le cas.

L'école doit choisir de reconnaître ses forces et
 ses faiblesses et tenter, après analyse de celles-ci,

de mener le plus grand nombre vers la réussite. L'école doit être rassembleuse, mais elle ne peut pas fermer les yeux sur les divisions qui existent en son sein. Rassembler le plus grand nombre autour de la même table, mais aussi permettre à ceux qui ne veulent pas être là de sortir de la pièce.

Un ministre de l'Enseignement ne peut être un idéologue ; il a le devoir de rassembler toutes les énergies et d'écouter chacun. Pour bien fonctionner, l'école ne peut être ballottée entre gauche et droite au fil des législatures. Chaque responsable se doit de la gérer en bon père de famille sans vouloir à tout prix y imprimer sa touche. Le ministère de l'Enseignement doit être géré sur le long terme avec la collaboration active des professeurs et chacun, quel que soit le parti dont il défend les idées, doit avoir à l'esprit que ce qui rassemble construit l'avenir et que ce qui divise le détruit.

8

Je n'aurais pas de certitudes

L'enseignement doit continuer à rendre possible l'acquisition des compétences habilitant à « faire », mais en arrimant cette mission à un questionnement : être humain, homme ou femme, être fidèle à soi, à son projet, à son engagement, à la vie, le « faire » étant second par rapport à cet « être ».

Roland URBAIN,
À la recherche du sens.

Malgré le désir insensé de certains, l'enseignement n'a rien d'une science exacte. C'est heureux! On a beau vouloir enfermer la réussite dans des batteries d'exercices et dans des grilles d'évaluation, on a beau tout vouloir emprisonner dans des statistiques et dans leur analyse, on ne peut pas mettre au point une formule magique convenant à tout le monde. Et une fois encore, c'est heureux.

Réussis mon test et je te dirai qui tu es

L'enseignement est avant tout un art et il procède par tâtonnements, par questionnements, par éblouissements; la relation que le professeur entretient avec ses élèves est toujours une relation d'incertitude. Cela fait la beauté d'une fonction qui, contrairement à tant de métiers, conserve un lien profond avec l'humain, avec la vie. L'école qui formate les élèves comme elle usinerait des pièces dans un atelier mécanique est une école qui, non seulement, rate sa mission, mais qui, en outre, conduit à l'abêtissement d'abord, à la dictature ensuite. L'objectif premier du professeur est d'accompagner, jamais de mettre en boîte. Et cela, les théoriciens du ministère semblent l'avoir oublié. À force de vivre devant des tableaux statistiques et de lire les projections des technocrates, ils ont négligé que l'école est avant tout un lieu d'échanges, un espace d'humanisme. Prisonniers de leurs œillères, ils créent, en groupes restreints censément représentatifs (mais de qui ?), des batteries de tests plus amphigouriques, plus consensuelles et plus réductrices les unes que les autres. Il ne s'agit plus d'apprendre et de transmettre, mais d'évaluer des compétences. En définitive, ce ne sont pas les connaissances et l'épanouissement des élèves qui priment, mais leur évaluation.

Celui qui réussit le test est déclaré apte pour le service même si, concrètement, il ne réussit rien du tout. Les évaluations du ministère ont acquis une valeur certificative que des mois de cours donnés par les enseignants ne méritent plus. Pendant que les professeurs pleurent (ou se révoltent) d'être obligés de laisser passer à l'année supérieure des élèves qui ne maîtrisent plus rien, le ministère se félicite du pourcentage de réussite aux tests qui a augmenté depuis l'année précédente. L'élève est désormais jugé par un test impersonnel, utilisable par le plus grand nombre et non plus par le professeur qui l'accompagne et qui le connaît. De quoi motiver professeurs et élèves, de quoi donner du sens à la relation qu'ils ont établie, parfois difficilement, au fil des processus d'apprentissage et des heures passées ensemble ! Vive la dictature des chiffres !

Il y a un pilote dans la tour de contrôle, mais il n'y a plus de pilote dans l'avion. La cellule de pilotage décide, administre et impose, et les écoles téléguidées doivent gérer les accidents de parcours toutes seules. C'est là que le bât blesse : je refuse d'être une marionnette dans un avion télécommandé par des personnes qui n'ont jamais piloté que sur des simulateurs de vol, je refuse de ne pas pouvoir agir quand je remarque que la tour de contrôle m'envoie dans le brouillard ou une zone de turbulences et d'orage. Je l'ai dit et je le répète : l'école ne peut se décider d'en haut, elle a un vivant besoin de celles et ceux qui sont sur le terrain. Ceux qui dirigent doivent admettre que les professeurs réagissent, et ils doivent les entendre.

Après le test d'évaluation non-certificative en lecture imposé aux élèves de quatrième secondaire en octobre 2013, plusieurs écoles m'ont contacté afin de m'exprimer leur colère face à cet exercice de lecture réduit à des textes informatifs. Certaines écoles ont refusé de remplir les documents d'évaluation du test, ont écrit au ministère en expliquant pourquoi elles refusaient de participer à cette comédie et m'ont envoyé un double de leurs écrits : je me souviens d'une belle lettre argumentée, se fondant sur une remarquable connaissance du programme et mettant en exergue les incohérences entre les exigences de celui-ci et le test proposé, une lettre que j'aurais été incapable d'écrire, détaillée, intelligente, une lettre qui a dû coûter des heures de travail à leurs rédacteurs. Résultat : le silence. Au moment où j'écris ces lignes, les services compétents ont choisi de ne pas répondre. Le silence, l'autisme et le mépris.

La fragilité permet de grandir

L'école prisonnière d'une minorité engoncée dans ses certitudes ne peut plus fonctionner valablement.

D'un côté, ceux qui savent et qui imposent, de l'autre, la plèbe professorale qui exécute les ordres en courbant l'échine face aux huiles de l'administration. Pour fonctionner, l'école a besoin de fragilité et d'écoute, de la base au sommet. Les professeurs – et je reconnais qu'ils ont parfois tendance à le faire – ne peuvent pas systématiquement s'opposer aux nouveautés, qu'on leur impose cela dit souvent sans concertation ; les décideurs, pédagogues, inspecteurs et autres pilotes, doivent cesser de jouer aux marionnettistes et de tirer les ficelles au nom de leurs idées et de leurs méthodes magiques. L'école de l'excellence est celle qui travaille, pas celle qui réfléchit sans cesse à la meilleure façon de travailler.

Lorsqu'on se remplit de certitudes, on cesse d'être à l'écoute. Depuis la sortie de mon livre, j'ai été confronté à des personnes, certes brillantes, mais prisonnières de leur discours. Les unes à gauche, les autres à droite, si bien qu'il m'est apparu que les faire parler ensemble ne servirait à rien : l'important pour elles n'était pas d'analyser la réalité et de l'améliorer, comme je tente de le faire au quotidien dans mes classes, mais de faire correspondre la réalité à leurs propres idées. Autrement dit, une idée objectivement intéressante mais différente de leur projet de société ne pouvait pas être une bonne idée. Que de certitudes meurtrières dans leurs discours alors que l'école, pour être efficace et utile, doit par nature se remettre régulièrement en question.

Le décret Inscriptions illustre à merveille ce triste constat. Né de projections généreuses, mais déconnectées des réalités sociales, le décret a préféré imposer à toutes les écoles des règles inapplicables plutôt que de tenter, avec les acteurs du terrain, de trouver des solutions pour empêcher les injustices remarquées dans une minorité d'établissements. Constatant les dégâts considérables causés par ce décret, on s'acharne à le modifier, si bien qu'il ressemble de plus en plus à un monstre autonome dont tout le monde se plaint.

L'école doit être fragile et donc souple pour progresser. Fragile et forte en même temps, car une école qui se remet en question et qui se corrige avance plus facilement qu'une école prisonnière de sa carapace de certitudes. Dans ce contexte, c'est à nouveau de la base que le mouvement doit partir car elle seule prend le pouls de la réalité au quotidien. Les inspecteurs ne sont pas là pour dire aux professeurs comment travailler, mais pour s'inspirer de leur travail, du savoir-faire qu'ils développent sur le terrain. D'où ma proposition centrale de faire travailler inspecteurs et pédagogues dans les classes une année sur deux afin qu'ils cessent de s'enfermer dans une suffisance qui détruit la relation entre élèves, parents, professeurs et responsables pédagogiques.

On ne peut entrer en dialogue avec l'autre qu'en mettant sa propre vanité et ses certitudes de côté. Un professeur sait qu'il ne peut vivre efficacement son métier qu'en se mettant à l'écoute de ses élèves, de leurs enthousiasmes, de leurs besoins, de leurs colères. Il en va de même partout : l'écoute de l'autre et sa mise en valeur sont les bases essentielles à la réussite d'une relation, d'une entreprise. De trop nombreux politiques et technocrates, avides de reconnaissance et de pouvoir, l'ont oublié. Chacun de leurs actes vise, non plus à créer l'épanouissement de l'autre, mais à générer plus de puissance et de pouvoir : il est devenu impossible de remettre en question leurs décisions unilatérales. Ils jouent de la puissance acquise pour écarter ceux qui s'opposent à leur progression majestueuse et certaines fois turpide.

Tu me réponds quand je te sonne ?

Les enseignants tirent le signal d'alarme depuis des décennies et se plaignent de n'être ni écoutés, ni entendus. La machine École ne fonctionne plus. Elle est grippée au sommet et au lieu d'écouter la base qui frémit, on lui applique les remèdes des gourous de la réussite, sûrs de leur fait et de leur génie. Un ministère de l'Enseignement qui ne se reconnaît pas fragile et qui ne doute pas de ses certitudes finit par détruire ce qu'il est censé construire. Pour le bien des élèves et des générations futures, chacun doit retrouver le sens du dialogue, sortir de sa suffisance et de ses blessures pour négocier un nouveau contrat scolaire où les professeurs seraient enfin entendus.

Quand elle est devenue ministre, Marie Arena a tenté ce pari avec audace et maladresse : elle est allée sur le terrain écouter les doléances et les espoirs mais elle a travaillé trop vite, pressée de réussir son challenge avant l'échéance électorale. Elle a réduit sa réforme à quelques mesures qui ont braqué les uns et les autres. Dommage ! Une grande réforme aurait pu être intéressante si elle s'était étalée sur plusieurs législatures. Il est temps, chers politiques, que vous retrouviez le sens du long terme. En regardant l'horizon, on avance mieux que si l'on reste concentré sur la pointe de ses chaussures.

Lorsqu'on entre en dialogue avec quelqu'un, surtout avec quelqu'un qui ne partage pas les mêmes idées, il faut que chacun prenne le temps de digérer et, pourquoi pas, finisse par savourer l'opinion de l'autre. C'est ce temps que les politiques ne prennent plus aujourd'hui. Comme tant d'entre nous, ils doivent rendre des comptes, prouver leurs compétences, être efficaces sous peine d'être largués. Quand on reçoit la charge d'une matière comme l'enseignement, on ne peut pas être efficace si on limite son action au temps d'une législature. Au mieux, on peut jeter un peu de poudre aux yeux et c'est souvent ce que chaque ministre se contente de faire, dans les limites idéologiques imposées par son parti.

Obtiens plus en travaillant moins !

En vouloir aux politiques et leur taper sur le dos est facile et malvenu, car si certains ministres de l'Enseignement ont transformé les professeurs en marionnettes ridicules, c'est aussi parce qu'eux-mêmes sont les marionnettes de l'opinion, des financiers et de leur électorat qui exigent d'eux des comptes de façon pressante. Chacun doit être fort, compétent, efficace et tant pis pour ceux qui ne le *paraissent* pas. Car il s'agit de paraître avant d'être. Un politique qui, malgré son travail et les réformes courageuses qu'il entreprend, n'obtient pas de résultats immédiats, en paie les pots cassés dans les sondages. François Hollande est bien placé pour le savoir ! À quelqu'un qui œuvre dans la discrétion, l'opinion et les médias préfèrent celui qui donne l'illusion de travailler alors qu'il ne brasse que du vent !

Bien plus que l'école, c'est notre société qui est malade de son obsession de performance et de visibilité immédiate. Impossible, pourtant, de gérer correctement le monde en avançant avec le nez dans le guidon ; c'est ainsi qu'on met en place les ingrédients de sa destruction.

L'école, qui tangue sans cesse de gauche à droite, prend l'eau petit à petit et elle coulera si l'on ne permet pas aux marins, qui mouillent leur chemise en écopant désespérément, de rafistoler la barque. Ce sont les professeurs qui sont les mieux placés pour sauver de l'intérieur le navire École, pas les technocrates qui ne savent pas comment naviguer, pas les ministres qui ne tiennent jamais assez longtemps le gouvernail. C'est pour cela que, de toute urgence, il faut leur faire confiance.

Faire confiance aux professeurs

Faire confiance à l'autre, c'est accepter qu'il puisse avoir raison contre nous et c'est cela qu'aujourd'hui, les technocrates sont incapables d'admettre. Un paysan connaît mieux son champ et les humeurs de celui-ci qu'un technocrate européen qui ne pose ses souliers vernis que sur la moquette de son bureau. Un professeur perçoit mieux les vibrations du navire scolaire et les fuites qu'il est vital de colmater qu'un ministre calfeutré au huitième étage d'un immeuble insonorisé où seuls résonnent les murmures des pédagogues et des lobbyistes qui gravitent dans le monde scolaire.

Le droit de tous à une école de l'excellence ne peut se perdre dans les nuages des hautes sphères. Il faut garder les pieds sur terre et construire l'avenir avec le sens du réel. Si j'affirme qu'être fragile, c'est aussi être fort, c'est parce qu'en reconnaissant ses faiblesses et ses erreurs, on met plus facilement le doigt sur ce qui peut être corrigé. Celui qui ne connaît pas l'école et lui applique un remède magique est semblable aux médecins de Molière : des inutiles aux mains pleines qui n'ont avec leurs patients aucun contact et de ceux-ci, aucune connaissance.

L'école fragile est une école du débat, une école ouverte et certes plus difficile à manipuler qu'une école sûre d'elle-même, imposant des menus tout faits et sans saveur. Cependant, si cette école fragile ose accorder davantage de liberté aux professeurs, elle deviendra plus simple à gérer, ne sera plus un bloc monolithique où mépris et intimidation ont force de loi, mais un espace de liberté où chacun, moyennant des règles claires et des demandes précises, retrouvera son enthousiasme d'enseigner et sa liberté d'apprendre.

Car les professeurs ne sont pas les seules victimes du système actuel : les élèves aussi doivent affronter une absence de sens et un terrible brouillard. Pour les adolescents, les lois et le ministère ne sont que des entités virtuelles qui, la plupart du temps, ne les intéressent pas, voire auxquelles ils doivent s'opposer pour former leur personnalité : ce qui vient d'en haut, puisqu'ils ne le comprennent pas, ils s'en fichent. Plus qu'un adulte, un adolescent a besoin de concret, de vie pour apprendre : s'il trouve en face de lui un adulte égaré, papillonnant d'une séquence à l'autre tout en ne semblant plus maîtriser ce qu'il enseigne, l'adolescent décroche. Les jeunes ont besoin de repères clairs et ils ne sont pas idiots : ils sentent quand leur professeur n'est pas à l'aise avec ce qu'il enseigne. C'est à chaque enseignant de découvrir, au fil de son expérience, la saveur à donner à son métier, son style. Pour être crédible, il doit conserver le droit d'être lui-même. Tant que l'éducation restera une projection abstraite, elle sera perçue par les élèves comme une vaste fumisterie. Résultat inévitable : le désintérêt et les chahuts.

Une école purement conceptuelle avec des professeurs exécutants signifie inexorablement la fin de l'éducation, de la transmission des savoirs et des valeurs.

Cesser de vouloir être performant et parfait

Au lieu de viser la performance à tout prix, proposons aux élèves la réalité avec ses forces et ses faiblesses. Les situations-problèmes, les tâches diverses concoctées dans l'arrière-cuisine d'utopistes se fracassent la tête dès que l'on tente de les imposer en classe. L'important pour les adolescents et pour les professeurs, c'est la relation qu'ils construisent ensemble ; c'est elle qui sera créatrice d'intérêt et qui les conduira, les uns et les autres, à donner le meilleur d'eux-mêmes dans les processus d'apprentissage.

Au fil des ans, sous prétexte d'efficacité et de technicité, l'école se déconnecte du réel et de l'humain qui est pourtant seul à pouvoir former des personnalités épanouies. On reproduit dans les cours des « situations-problèmes » qui n'ont jamais la saveur d'une expérience réelle et qui apparaissent aux élèves comme des jeux absurdes et des tromperies. Chacun joue la comédie pour faire croire aux pédagogues qui s'en délectent que tout baigne et que les idées qu'ils font entrer dans la réalité sont la réalité elle-même. À force de « faire comme si », on perd le sens de ce que l'on fait et on donne naissance à un enseignement déshumanisé.

Et avant, me direz-vous, l'école était-elle plus connectée au réel ? À l'actualité, souvent très peu, je le concède volontiers, mais au réel, oui. En transmettant les valeurs et les savoirs du passé, l'école posait les fondements d'une réalité claire, ayant existé, et donnait (quand elle ne se bornait pas à une répétition sclérosante, car cela existait aussi) aux jeunes matière à réfléchir et pour construire un avenir meilleur. Enracinée dans le passé (parfois trop !), l'école fournissait les outils pour aller de l'avant. Aujourd'hui, l'école zappe d'une compétence à l'autre et les adolescents qui la fréquentent ne réussissent plus à établir de lien clair entre ce qu'ils y vivent et ce qu'ils connaissent du monde extérieur. Il est urgent de redonner du sens aux gestes que nous posons et à la société dans laquelle nous vivons.

9

Je garantirais une école du sens et de la liberté

S'il faut respecter une loi juste, il est également nécessaire de dénoncer celle qui n'est pas ou plus adaptée à la société. Autrement, la loi sert de justification à la décision politique comme argument d'autorité. Trop souvent, nous nous laissons endormir par des phrases du type : « Le droit l'affirme et les experts le garantissent »... « Les sondages nous prouvent que... ». Ce qui revient à nous dire : « Ne réfléchissez pas trop à la chose, laissez nous faire. »

Éric DEGUIDE,
Slow Classes, n° 2.

Une société dont le présent et l'avenir sont aux mains des technocrates, une société régie par les règles avant d'être portée par le souffle de l'esprit et par l'élan d'idées rassembleuses se racrapote sur ses modes de fonctionnement et perd, petit à petit, les valeurs qui lui permettent de vivre. Lorsque les règles prennent le pas sur la vie, lorsque la manière de fonctionner devient plus importante que les raisons de fonctionner, le sens s'évanouit. C'est ce que vivent non seulement nos sociétés occidentales actuelles, mais aussi l'école.

D'un côté, des discours généreux vantant l'idéal démocratique et justifiant les règles qu'ils annoncent. De l'autre, ces mêmes règles qui réduisent en réalité la démocratie à un canular. D'un côté, des États prisonniers des dogmes économiques qu'ils édictent. De l'autre, l'univers dérégulé de la finance où les gangsters sociaux qui pillent notre planète s'en donnent à cœur joie en... votant des règles qui valident leurs actions tout en enfermant les gouvernements. Et ce sont les citoyens qui paient.

Moins de décrets et plus de craies !

Il en va de même avec l'école. Professeurs et élèves sont soumis aux injonctions de ceux qui leur montrent la voie, mais ceux-ci agissent dans le monde dérégulé de la pédagogie triomphante qui n'est soumis à aucun organe de contrôle. Certes, on évalue sans cesse les élèves, mais qui a pensé à évaluer les décrets qui étouffent l'école ? Depuis que les technocrates les ont imposés, plus personne n'a songé à vérifier qu'ils fonctionnaient sur le terrain. C'est tout le drame : il suffit aujourd'hui de lancer une idée nouvelle et séduisante, de trouver un politique pour la faire appliquer et la médiatiser et, zou, aux professeurs de revoir toutes leurs méthodes !

J'exagère (pas tant que cela) et tout ne se passe pas avec autant de facilité, mais c'est l'esprit qui régente l'école aujourd'hui. Ce ne sont plus les enseignants qui sont les maîtres : leur métier a été kidnappé par des créatures de bureau qui n'enseignent pas.

L'école doit faire sa révolution copernicienne si elle veut retrouver le sens qu'elle a perdu. Le métier d'enseignant doit cesser d'être un métier d'exécutant (il mérite mieux que cela !) et doit redevenir un métier de créateur si l'on veut donner à tout le système scolaire une dynamique nouvelle. Les spécialistes des sciences de l'éducation nous appellent à amener nos élèves à s'approprier des connaissances, des savoir-être, des savoir-faire, à se montrer actifs dans les processus d'apprentissage... Mais nous, les professeurs, nous ne pouvons plus rien créer du

 tout : comment croire à un métier dont on nous a

enlevé le gouvernail, comment croire à une profession dont on ne se sent plus maître ? Si notre avenir est celui de simples exécutants, si nous sommes exclusivement destinés à appliquer les règles édictées en haut lieu, comment s'étonner de la déprime croissante des enseignants ?

Enfermés dans leurs bureaux et dans leurs laboratoires où ils jouent les situations rêvées entre eux, les chercheurs en sciences de l'éducation ont perdu de vue que leurs projections en chambre ne sont pas la vie, que celle-ci les dépasse toujours et qu'il est dangereux de croire que tout se déroulera dans les classes comme lors de leurs expériences, même si celles-ci sont menées avec bonne foi et avec tout le sérieux possible.

Le monde idéal n'existe pas et surtout, il ne se décrète pas ; seul existe le monde réel. Qui plus est, dans les processus d'éducation, cette réalité se modifie au fil des classes et des heures de cours. Dans l'enseignement, et c'est cela qui fait la beauté et la richesse du métier, rien n'est statique, tout doit être sans cesse remis en question en fonction du public visé et des matières que l'on enseigne. En se soumettant aux pressions des lobbies pédagogiques, et en enfermant les professeurs dans des règles de plus en plus étouffantes, soumises à la dictature des statistiques et des sondages d'opinion, le législateur vide la profession de son sens et prive les enseignants de leur outil principal : leur marge de manœuvre, leur créativité. Le métier d'enseignant est le plus beau métier du monde parce qu'il exige sans cesse de celui qui l'exerce de s'adapter à des situations nouvelles, parce qu'il oblige à l'écoute de l'autre et au dialogue. Être un professeur heureux est un don qui se travaille au quotidien et qui remet continuellement en question la compréhension que l'on peut avoir de la liberté et de celle de l'autre. En enfermant l'école dans des techniques, on la tue. On la lustre afin de lui donner un éclat intellectuel, mais elle ne brille plus.

Les enseignants demandent au ministère de leur fournir une liste claire des matières à enseigner et, ensuite, de les laisser réaliser leur mission. Seuls les professeurs sans imagination et sans personnalité se satisfont d'une situation où ils sont contraints à formater les élèves à l'aide d'un mode d'emploi fourni par les pédagogues. Plus il y aura de règles, plus il y aura d'enseignants fades, désabusés et en colère. Ceux qui veulent insuffler de la personnalité et de la vie dans leurs cours seront révoltés, dégoûtés, culpabilisés et finiront par lâcher le métier ou par baisser pavillon et par fonctionner dans la tristesse avant de multiplier les congés de maladie pour dépression et perte de sens.

J'ai reçu des centaines de témoignages de ces professeurs cassés par le système, isolés dans leur mal-être. J'ai aussi discuté avec des moutons satisfaits qu'on leur fournisse tout en kit, satisfaits de travailler en groupes, de manière impersonnelle, contents de s'échanger séquences et grilles d'évaluation corsetées de critères, sans devoir se poser la question du sens. « On fait ce que le ministère demande, c'est bien non ? » Malgré leurs qualités et leur investissement dans ce qu'ils font, ces professeurs Ikea me laissent perplexe. J'ai toujours été heureux de fréquenter une école où l'on doit s'interroger sur le sens de ce que l'on fait, où l'on peut avoir un esprit critique et une liberté de parole et je suis étonné de rencontrer des personnes diplômées qui se satisfont de leur rôle d'exécutants, qui se contentent de fonctionner en respectant le règlement et présentent cette manière d'être comme mode de fonctionnement à leurs élèves. Cela nous annonce décidément un futur plein de saveur !

Si l'école se transforme en une usine où l'on formate des moutons, elle devient pernicieuse et ne sert plus à rien. Voire, elle devient nuisible. Si le but de nos dirigeants est d'offrir des diplômes sans valeur, il faut admettre qu'ils sont sur la bonne voie. Heureusement, ils sont de plus en plus nombreux à dénoncer le scandale, d'où un immense embrouillamini entre eux et ceux qui sont satisfaits de ne plus devoir se poser de questions. L'école ne peut pas fonctionner correctement dans cette atmosphère délétère. Pour être efficace, l'école a besoin de sérénité. Pour pouvoir se remettre en question, elle a besoin de temps. Pour se réformer, elle a besoin de réflexion.

Aujourd'hui, nous allons souvent à l'immédiat, au superficiel sans accorder d'énergie à l'essentiel et à la profondeur. Celui qui ne s'occupe plus que du visible perd le sens de l'invisible et se déconnecte de la faculté de rêver. Une école utilitaire n'est plus une école humaniste. Une école égalitaire gomme, de manière mensongère et réductrice, les aspérités de la réalité. On alimente, à force de réformettes sans envergure, une école de la projection sans s'occuper des situations réelles qu'il est urgent de prendre à bras-le-corps. Comment aider ceux qui échouent dans le système scolaire traditionnel ? En supprimant l'échec ? La belle affaire ! En cherchant des boucs émissaires ? « L'échec scolaire, la faute à qui ? » pour reprendre la question provocatrice et réductrice d'un débat télévisé. Les discours lénifiants et inutiles se multiplient, les professeurs sont placés en première ligne mais, bien entendu, on ne remet pas le mode de fonctionnement de la société en question, pas plus que les élèves qui échouent tout simplement par manque de travail.

Nier les réalités n'a jamais apporté de solutions. On demande à l'école de créer du sens dans une société qui n'en a plus. Balivernes. Les jeunes ne vivent pas en vase clos et ne sont pas idiots : si les valeurs transmises par l'école ne correspondent pas à ce qui est mis en valeur dans la société où ils vivent et où ils travailleront, l'école perd tout intérêt manifeste pour eux.

Parce que la démocratie prend l'eau de toutes parts, les politiques n'ont jamais autant qu'aujourd'hui demandé aux professeurs d'enseigner les valeurs de la citoyenneté à leurs élèves qui, en regardant les informations, le soir, constatent combien ces mêmes valeurs sont bafouées par les multinationales et par les financiers sans que les politiques réagissent. Conclusion : un déficit crucial de cohérence entre les paroles et les actes. On leur parle d'un sanglant dictateur en classe et, le soir, les ados découvrent, au journal télévisé, que celui-ci est invité à poser sa tente sous les fenêtres du président de la république ! D'un côté, un grand patron est viré pour faute grave et les ministres promettent que son successeur ne touchera plus son salaire scandaleux ; de l'autre, les ministres courbent l'échine devant les exigences de ceux qui refusent de prendre la responsabilité d'une charge si elle leur rapporte moins que leur travail actuel. Où est l'éthique ?

Les jeunes à qui je parle de démocratie sourient désormais et me répondent qu'ils veulent être les meilleurs, que notre société n'offre un carrosse qu'aux plus forts et qu'ils mettront tout en œuvre pour avoir leur place au soleil. Ils n'ont plus conscience que leur position de gagnant créera des perdants. Où l'école parle d'égalité, la société est inégale, mais c'est à l'école qu'on demande de fournir des efforts pour former des citoyens plus ouverts à l'autre. Les responsables ont-ils conscience de l'incohérence de leur attitude ou nous prennent-ils pour des idiots ?

Pour retrouver du sens, l'école et la société doivent tenir le même discours et tourner les yeux dans la même direction. En laissant se déliter les savoirs et l'esprit critique et en n'axant les processus d'apprentissage que sur l'acquisition de compétences, on vide l'école de son contenu et on formate les ressources humaines nécessaires au fonctionnement d'une société déshumanisée.

Pourquoi sont-ce les télévisions qui, lors de grands shows, doivent faire appel à la solidarité de tous pour venir en aide aux plus démunis, aux handicapés, à toutes celles et à tous ceux que la société jette sur le côté ? On privatise les valeurs humaines comme on le fait du reste et, dans le cas des émissions caritatives déclinées à la mode people, l'important semble plus de dépasser la somme de dons réalisée l'année précédente que d'aider les démunis. La performance, le défi, toujours : il serait tellement moins médiatique et moins sexy d'aider les nécessiteux et les malades sans en faire une kermesse.

L'air du monde est vicié et sa manière de fonctionner, débilitante ; qu'on le veuille ou non, c'est dans ce monde que l'école se situe. On ne peut pas l'espérer, seule dans le désert, propagatrice de valeurs dans un univers du tout pour soi et quelque chose pour les autres de temps en temps. L'école du sens n'a de sens que dans une société qui ne l'a pas perdu. Il est urgent de rétablir le lien entre les valeurs transmises par l'école et celles vécues dans la société pour éviter à l'école d'être sans cesse en porte à faux et pour lui redonner, aux yeux des jeunes qui la fréquentent, l'image d'un lieu utile pour les faire grandir.

Pourquoi vais-je à l'école ? Que puis-je y apprendre qui me permettra de m'épanouir dans ma vie future ? Comment puis-je y créer des liens véritables autres que les amitiés virtuelles que les réseaux sociaux me proposent ? Quel est le sens de l'autorité et comment établir une relation fructueuse entre les adultes et moi ? Quel est le sens de l'effort et pour quelle raison est-il important de poursuivre des études ?

Souvent, les adolescents ne se posent plus ces questions. Ils subissent l'école comme la vie. Ils se laissent « cooler ». C'est plus facile, mais cela ne les aide pas à devenir des citoyens responsables. Girouettes soumises à tous les vents, les adolescents matraqués par la publicité ne se posent souvent même plus la question du sens : elle viendra plus tard lorsque la vie placera des obstacles sur leur chemin et, pour certains, ce sera trop dur parce qu'ils ne se seront pas créé de repères. Il est primordial que l'école les confronte à la question du sens, à un questionnement qui les conduise à l'intérieur d'eux-mêmes et qui les pousse plus loin, qu'elle ne se contente pas de leur présenter, comme projet de vie, la seule résolution de problèmes qu'ils peuvent éclaircir mécaniquement sans devoir particulièrement argumenter et réfléchir. Pour grandir, les adolescents ont besoin de remettre ce que nous leur proposons en question et de trouver des réponses créatives et personnelles à leurs questions.

Une école dépersonnalisée, déshumanisée, qui propose à tous un menu invariable issu d'une cuisine industrielle perd sa saveur, devient monotone et éteint tout questionnement, toute révolte. J'estime fondamental que les cours et les professeurs représentent ensemble une diversité d'opinion, que, certaines années, les élèves se confrontent à quelqu'un de profondément ennuyeux et que, d'autres années, ils affrontent un(e) passionné(e). Dans le premier cas, ils pourront choisir de développer leur faculté de rêver. Dans le deuxième, ils devront aller chercher au fond d'eux-mêmes les ressources nécessaires pour suivre le rythme. Si, par souci de conformité aux prescriptions ministérielles et inspectorales, les cours et les professeurs finissent par se ressembler au point qu'on ne sente plus derrière eux la personne qui les anime, l'école se transformera en une fade aventure qui nivellera tout le monde vers le lisse, l'indifférence et l'absence.

Des villages d'Astérix

Les adolescents ont besoin de professeurs originaux qui leur permettent de découvrir la liberté de parole. Si les enseignants se contentent de fonctionner comme des esclaves subventionnés, l'école – et finalement, la société – perd la diversité qui fait sa richesse. La liberté de parole du professeur construit la liberté de parole du jeune et c'est pour cela qu'il est important que les écoles ne deviennent pas des succursales du prêt-à-penser du ministère et du discours unique, mais qu'elles demeurent des foyers d'indépendance et de création, des villages d'Astérix à l'exemple de mon cher athénée Fernand Blum qui me porte depuis ma plus tendre adolescence et d'où sont sorties tant de grandes voix qui ont construit et qui construisent la Belgique d'aujourd'hui : des hommes politiques comme Armand De Decker, des scientifiques comme Georges Primo ou Pierre Gaspard, des artistes comme Jo Delahaut ou André Delvaux, des écrivains comme André-Paul Duchâteau, Alain Berenboom, André Doms, Jacques De Decker, des créateurs de bandes dessinées comme Frank Pé, des journalistes comme Jacques Schepmans et Eddy Caekelberghs, des acteurs comme André Lamy ou Michel Kartchevsky. Autant de personnalités originales qui ont créé et qui suscitent le débat dans notre société. Qu'il s'agisse de l'athénée communal de Schaerbeek ou d'autres écoles réputées, seuls les établissements qui développent un projet pédagogique exigeant, rigoureux et personnalisé parviennent à former des caractères forts et des esprits libres.

L'école égalitaire qui voudrait que toutes les écoles se ressemblent et offrent à leurs élèves un menu identique est non seulement utopiste, mais contraire à l'épanouissement. Dans un projet généraliste et totalitaire, on mate au lieu d'encourager ceux qui sortent du rang, car ils nuisent à l'esprit lisse et liberticide défendu dans ces écoles.

Si tout le monde est égal au niveau des lois, personne n'est égal au niveau de ses capacités. Vouloir niveler l'enseignement conduit à interdire à chacun de développer ses capacités : je n'aurai jamais les compétences de mon plombier, de mon médecin, de mon électricien, de mon comptable, mais ils n'auront pas celles que j'ai en tant que professeur. Arrêtons, pour le bien de tous, de vouloir que tout le monde se ressemble !

10

J'oublierais les sondages et les statistiques

Ainsi, en ayant bâti, aux dépens des structures traditionnelles, un environnement idéologique, économique, culturel et politique entièrement soumis aux lois du marché et à un universalisme abstrait, l'homme occidental a créé une société où l'individu en apparence libre, indépendant et sans préjugés, devient, de fait, de plus en plus seul et abandonné.

David ENGELS,
Le Déclin.

Arrêtons aussi de vouloir comparer ce qui n'est pas comparable. La fameuse enquête Pisa est une aberration sournoise inventée pour noyauter professeurs, élèves et pays. Depuis sa mise en place par l'OCDE (une référence en matière d'enseignement !), chaque nation attend fébrilement les résultats obtenus par ses élèves et se lamente quand elle ne figure pas au sommet de la liste. Et si par malheur elle est mal classée, c'est invariablement la faute des professeurs. Et quoi de mieux qu'une réformette pour améliorer tout cela ?

Au contraire de tous les principes prônés par les pédagogues qui ne veulent plus de stigmatisation par la sélection, chaque pays tente de se classer aux premières places alors que les écarts entre pays sont souvent insignifiants : en 2012, sur des résultats tournant autour de 500, il y avait, entre le dixième et le quinzième, huit points d'écart en mathématiques, sept en français et trois en sciences. La belle affaire ! Les États-Unis, qui dirigent notre monde et où fuient tant de cerveaux, sont 36e en mathématiques, 24e en lecture et 28e en sciences. Les Russes sont dans le bas du classement en mathématiques et en sciences et n'apparaissent même pas dans les quarante premières places du classement en lecture ! Les deux nations les plus puissantes du monde ! Doit-on en conclure que notre planète est dirigée par des imbéciles ? Que, dans quelques années, ce seront les Asiatiques qui mèneront la Terre ? Car les « pays » qui tiennent la tête du classement sont Shanghai, Hong Kong et Singapour, dont le système d'enseignement ne peut objectivement pas être comparé au nôtre. Peut-on honnêtement considérer ces grandes villes de privilégiés comme des pays ? Il serait intéressant d'analyser les compétences en mathématiques, en lecture et en sciences de la Chine entière : sûr que les Belges et les Français grappilleraient des places !

Laissons pisser Pisa

Arrêtons de rire : Pisa est une fumisterie que les médias relaient avec une bêtise et un aveuglement considérables. Il suffit de lire les scores des pays pour avoir envie de rire ou de pleurer. Comment les ministres de l'Enseignement, les responsables pédagogiques de pays civilisés peuvent-ils accorder le moindre crédit à pareille comédie ? Comment les médias peuvent-ils présenter ces résultats comme une référence en se contentant de s'accrocher au nombre de points gagnés ou perdus dans la liste ? En 2012, la Finlande, dont nous envions tant le système scolaire ne fait plus le poids face aux performances asiatiques et nous, les Belges, grâce aux brillants résultats de nos amis flamands, ne sommes plus qu'à quatre points du pays référent en mathématiques.

Obsession du contrôle et de la performance. Soyons cohérents. Si nos responsables désirent que nous figurions en haut de la liste, qu'ils importent chez nous le modèle éducatif coréen ou chinois ! En le découvrant, je suis persuadé que nos distingués pédagogues avaleront de travers.

L'OCDE n'est pas un vecteur d'éducation et de culture, l'OCDE est un organisme à valeur économique ajoutée. Il me semble anormal que ce type de structure puisse imposer sa vision de la réussite en matière d'éducation. En acceptant les enquêtes Pisa comme référence, nos responsables politiques, culturels et pédagogiques baissent leur pantalon devant les financiers. Une fois de plus ! La France, qui se plaint amèrement de sa rétrogradation dans le classement Pisa, devrait retrouver sa fierté en se rappelant le siècle des Lumières, un temps où la culture et l'intelligence primaient sur les comptables aux idées courtes. Diderot, Voltaire, Rousseau et leurs confrères ont amené à une révolution des consciences et de la société exemplaire pour les esprits libres d'aujourd'hui. Ils ont éveillé la colère du peuple français écrasé par une aristocratie méprisante. Plus proches de nous, Stéphane Hessel et Albert Jacquard, des Français encore, nous ont rappelés à notre devoir d'indignation face aux injustices et à la perte des valeurs. Un pays dont le système éducatif produit des hommes de cette trempe ne doit pas avoir peur de perdre trois places dans le classement Pisa !

Remettons les pendules à l'heure et cessons de nous laisser manipuler par des chiffres et des slogans. Retrouvons notre sens critique, redonnons du sens à l'école en l'immunisant contre de telles manipulations. Que la sphère économique cesse de souffler des idées tronquées aux opérateurs de l'enseignement ! Indignons-nous face à cette manière pernicieuse de contrôler notre liberté. Des enquêtes comme Pisa n'ont rien de formateur, elles sont déformatrices. Je ne comprends toujours pas que nos responsables et nos médias en fassent leurs choux gras, comme si elles étaient parole d'Évangile.

À quand une nation assez courageuse pour refuser que ses élèves participent à une telle comédie sponsorisée par une caste méprisante ? À quand un gouvernement assez couillu pour obtenir zéro dans le classement ou pour en être exclu pour cause d'absentéisme ? À quand une dénonciation de la manipulation générée par ce type d'enquête qui enferme les processus d'éducation dans l'obsession de la performance ? À quand des responsables assez fins pour ne pas reproduire ce type de test dans leur système d'enseignement et pour ne pas transformer l'ensemble de leur population scolaire, de la jeunesse de leur pays, en cobayes destinés à valider des expériences de laboratoire ?

Liberté, j'écris ton nom

Il est urgent de récupérer notre liberté de réfléchir et de penser, urgent de ne plus abandonner notre créativité aux mains de quelques spécialistes qui s'en servent à leur seul profit, urgent de nous délivrer de la contrôlite généralisée qui tisse pernicieusement sa toile sur notre monde et nos démocraties. L'école doit être un outil de solidarité, de fraternité, d'ouverture à l'autre et aux différences, un lieu d'émancipation et d'acceptation, un espace où les voix plurielles de la démocratie peuvent se faire entendre.

Une parole libre portée par un gouvernement, par des politiques courageux (le Parlement européen libéré des lobbyistes pourrait en devenir un merveilleux exemple) redynamisera le monde. Elle redonnera de l'espoir à l'ensemble des populations déprimées par un discours lamentable, gris, réducteur, ramenant nos vies aux seuls slogans financiers. Ce discours généralisé qui tente de nous distraire de notre ras-le-bol à coups de performances sportives et d'émissions de téléréalité qui n'ont de réel que les caméras qui filment les coqs bodybuildés et les oies siliconées qui y participent.

Retrouver du sens limitera le repli sur soi et le déploiement des nationalismes barbares auquel nous assistons en ce moment. Lorsque la *res publica* devient une *res privata,* la population revient à l'égoïsme et au rejet de l'autre. Celui-là même contre lequel nos démocraties se sont créées. Ce sont des élans de générosité qui fondent les démocraties et qui sont à la base de la défense des libertés de tous : nos dirigeants ont perdu ce sens de l'autre et de la solidarité et ils se laissent mener par des groupements qui ne cherchent que leur intérêt propre. Et quand ils y résistent, c'est mollement, en retardant au mieux l'inéluctable de quelques années.

Hélas, beaucoup sont déjà persuadés que la voix du bon sens et de la démocratie n'a plus la force de se faire entendre ! Croire cela, c'est nier nos libertés, c'est présenter nos fesses à qui veut les botter, c'est oublier que la majorité, si elle agit, a, au fil de l'Histoire et malheureusement de luttes sanglantes, toujours eu raison des dictateurs qui kidnappaient son pouvoir. Pour ne citer qu'un exemple pacifique, la marche blanche, née des suites de l'affaire Dutroux, a eu raison du silence que le pouvoir de l'époque entretenait. Évidemment, le meurtre d'enfants et les gabegies de l'enquête qui a suivi ont soulevé plus d'émotion que l'euthanasie lente de nos démocraties par une pensée unique et mortifère. Le sujet est plus abstrait et chacun peut croire qu'il n'est pas concerné puisque les médias et les politiques annoncent que tout ira mieux bientôt. D'ailleurs, la croissance est à nouveau au rendez-vous !

La dictature des chiffres

Nous serons heureux à condition de consommer plus ! Et la planète entière retrouvera le sourire ! Nous pourrons à nouveau et en toute inconscience poursuivre sa destruction humaine et écologique, la transformer en un grand marché de la finance et de la honte. En acceptant un tel univers et en nous contentant de satisfaire nos égoïsmes, nous nous rendons complices de meurtre et de non-assistance à personnes en danger.

Les enseignants qui croient en leur mission, les politiques intègres, ne peuvent pas se laisser manipuler de cette manière. La population doit réagir et sortir du confort mou où elle se perd. Des voix s'élèvent, mais elles demeurent éparpillées et ont des accents trop différents pour se montrer rassembleuses, mais il faut qu'elles haussent le ton avant que l'étouffoir global ne les fasse taire. En les privant de tout accès aux médias officiels, en leur refusant une réelle visibilité. Malgré son pouvoir, Internet ne peut pas tout, surtout dans les pays où l'on réduit son champ d'action.

La question du sens doit être relayée officiellement par des voix fortes. Je me souviens avec émotion de celle de Guy Verhofstadt, parlementaire européen, clamant devant ses pairs sa honte de voir l'Europe ne pas agir alors que Kadhafi et ses sbires étaient aux portes de Benghazi, d'où la révolution libyenne était partie. Il faut, en toute conscience et en toute liberté, se soulever contre la médiocratie ambiante. Il faut que nos politiques retrouvent le courage d'être eux-mêmes, de penser par eux-mêmes, qu'ils se libèrent du carcan d'une pensée unique à laquelle ils ont, hélas, participé. La population demande un discours neuf dans lequel elle puisse se reconnaître et ce n'est pas en lui fournissant des kilomètres de statistiques qu'on lui répondra efficacement. D'abord déçus, les gens deviennent vite indifférents, voire méfiants et coupent le lien de confiance qu'ils devraient entretenir avec les politiques pour que la société fonctionne. Ils cherchent des sauveurs, des prestidigitateurs, des chefs providentiels et l'Histoire nous montre que, dans ces cas-là, les dictatures ne sont jamais loin. On ne répond pas à la montée de l'extrême droite en la critiquant et en imposant des pseudo-leçons de citoyenneté aux gens : on enterre l'extrême droite (et les autres extrémismes) en créant de l'espoir et de la confiance. Lorsque les populations nourrissent une relation avec leurs dirigeants, c'est-à-dire un lien réellement bilatéral, elles ne restent pas longtemps indifférentes. La confiance ne se rétablit pas en plaçant dans le vert les indicateurs de croissance, mais en permettant à chacun de participer, de manière dynamique, à la société où il vit.

Ce que les pédagogues préconisent pour éveiller l'intérêt des élèves dans les classes (les rendre actifs lors des processus d'apprentissage) est valable dans le fonctionnement de la société. Cela ne signifie pas que chacun puisse donner son avis dans le désordre et à l'envi, mais que chacun puisse se sentir concerné par ce qui se passe dans son pays. Comme les élèves, les gens déconnectent quand ils estiment que ce qui se passe au-dessus d'eux ne les concerne plus : si seuls des technocrates jargonnants tiennent les rênes du pouvoir, si seuls des spécialistes déconnectés dirigent la barque de l'école, ceux à qui ils tentent de s'adresser se détournent d'eux. La misérable boucle du désintérêt est bouclée.

Un professeur qui enseigne bien, des politiques qui gouvernent bien, prennent toujours des mesures concrètes, lisibles, compréhensibles, au niveau des personnes à qui ils s'adressent. Nelson Mandela a sauvé l'Afrique du Sud du chaos en demeurant proche de la population, sans jamais perdre le sens de la relation.

C'est ce sens-là que la plupart de nos dirigeants ont perdu, ce sens de l'humain qui n'a cure des courbes de croissance, des chiffres, des statistiques et des sondages. Ceux-ci ont leur utilité, mais ils doivent toujours céder la première place à l'humain dans la gouvernance du monde et aujourd'hui, ils sont malheureusement devenus prioritaires : on ne cherche plus à améliorer le quotidien des populations, on cherche à améliorer les statistiques et les courbes de croissance. On mondialise la planète, mais économiquement seulement : quand l'Europe doit sortir la Grèce de la crise, plutôt que de se montrer solidaire, elle asphyxie sa population. Les pays riches préfèrent entretenir le chaos que de payer pour les pauvres, même s'ils font partie de la même union. Si la solidarité et la fraternité primaient sur l'économique et l'intérêt de quelques-uns, l'Europe serait sortie de la crise depuis longtemps, de la crise économique, mais surtout des crises morale et sociale où elle s'enfonce de plus en plus.

Les médias pourraient servir à mettre solidarité et fraternité en valeur autrement que lors de shows caritatifs et people. Ils pourraient créer, avec la collaboration des gouvernements, un nouvel élan d'espoir global. Plutôt que de présenter quelques chefs d'État comme exceptionnels (Pepe Mujica, Nelson Mandela), les médias devraient montrer que ces dirigeants n'ont d'exceptionnel que leurs qualités humaines, leur sens des valeurs, de la simplicité et du partage et que, moyennant un peu de bonne volonté, chacun de nous peut se transformer et transformer le monde. Il suffit pour cela de modifier nos priorités et de changer le regard que nous portons sur les autres. Chacun de nous a sa responsabilité dans l'état de la planète. Si les populations exigent un monde plus juste, il le deviendra. Si nous tournons le dos à nos responsabilités avec indifférence, nous permettons aux barbouzes de la finance de poursuivre le pillage de nos libertés.

Il en est de même à l'école. Il est facile de faire le gros dos et de critiquer les pédagogues et les politiques, il est plus salvateur de dire non à une situation devenue ingérable. Pour que les générations futures puissent profiter encore des libertés que nous connaissons, il faut, à un moment, opposer un front du refus à ce qui réduit nos libertés essentielles, dire fermement non à ces projets qui ramènent l'humain à des colonnes de chiffres. Chacun de nous est une personne avant d'être une ressource humaine et, sous peine de voir réduites ses libertés fondamentales, chacun de nous a le devoir de ne pas l'oublier.

Moi, ministre...

Moi président de la République, je ferai en sorte que mon comportement soit en chaque instant exemplaire.

François HOLLANDE

Je ne serai jamais le ministre présenté dans les pages de ce livre, mais je demeurerai un éveilleur de consciences, une balise pour avertir les marins du danger. Sans prétention, car chacun de nous devrait être celui qui tire le signal d'alarme lorsqu'il remarque un dysfonctionnement.

Nos politiques sont comme nous : des humains avec leurs forces et leurs faiblesses ; pour la plupart, ils tentent de gérer nos pays de leur mieux. Mais avec leurs conseillers, ils vivent malheureusement souvent en vase clos. Il est vital pour l'équilibre de nos démocraties que ces gens ne soient pas inféodés à des groupes de pression et à des intérêts particuliers comme c'est si fréquemment le cas. Les politiques, les lobbies et les médias qui les fréquentent ont perdu le sens du réel : ils ne présentent plus à la population qu'une caricature d'un monde réduit dont quelques-uns tirent les ficelles au détriment du plus grand nombre.

L'Europe nous a sauvés des nationalismes, mais il ne faudrait pas qu'elle nous y reconduise en échouant dans sa mission d'ouverture et en se réduisant à un club de nantis. Où le dollar est impérialiste, l'euro devrait se montrer social. À une économie bodybuildée aux hormones, préférons une économie équitable qui ne perde pas le sens des populations qui en créent la richesse.

À une barbarie sociale et culturelle organisée au profit de quelques-uns, préférons une ouverture et une diversité culturelles qui créent des liens avec ceux qui ne nous ressemblent pas et qui ne pensent pas comme nous. L'école a une place prioritaire dans la construction d'une société juste et c'est pour cela que jamais elle ne doit céder ou déléguer ses prérogatives et sa liberté à des groupes de pression et à des organismes qui défendent leurs intérêts et leurs privilèges plutôt que l'épanouissement des enfants et des professeurs.

Les enseignants doivent conserver leur fierté et refuser d'être les marionnettes d'une administration centrale lorsque celle-ci leur impose des délires pédagogiques qui transforment leurs élèves en cobayes et qui les réduisent à être des exécutants. Les professeurs travaillent avec des personnes ; ils n'exercent pas sur une chaîne de montage où l'on fabrique, de manière automatique et surtout sans réfléchir, des prototypes de réussite.

Puisse ce livre amener quelques responsables à réfléchir aux décisions qu'ils prennent, puisse-t-il leur rappeler que l'humain doit, dans tous les cas, rester le maître du jeu et que l'humain est toujours trop beau, trop insaisissable et trop fragile pour être résumé à des exercices qui le formatent, à des techniques qui le coupent de tout lien. L'humain doit demeurer à la source de ce qui nous inspire, jamais être réduit à une ressource.

Une relation grandit lorsqu'elle entretient la confiance, lorsqu'elle est respectueuse de chacun des acteurs qui y participent. Une relation, comme une pensée, ne doit jamais être à sens unique. Pour fructifier, un dialogue doit s'ouvrir à toutes les parties et c'est seulement ainsi qu'une société fraternelle se crée.

Notre monde, prisonnier de la seule obsession de la croissance, a oublié ses fondamentaux et aujourd'hui, il tourne fou. Pour combien de temps ? L'Europe se désindustrialise, l'Europe se nationalise, l'Europe se radicalise, l'Europe se paupérise et les experts analysent des colonnes de chiffres ! Aux technocrates les mains pleines et aux peuples la main tendue ! Il faut en finir – et d'urgence – avec les disparités et l'injustice. Il faut recréer du sens. L'idée de croissance doit être remise en question, car notre planète et ses ressources ne sont pas extensibles : de quel monde hériteront nos enfants si nous continuons de vivre de façon insensée ? Parce qu'il le construit, aujourd'hui est demain et chacun a la responsabilité de ne pas l'oublier.

L'école a besoin de savoir où elle va et elle doit donner aux professeurs la liberté de choisir le meilleur chemin à suivre pour atteindre les objectifs qu'elle se fixe. De même, la société occidentale contemporaine doit retrouver la voie de l'humanisme qui a permis qu'elle se développe et donner à ses citoyens la possibilité de choisir comment créer plus de bonheur pour tous.

L'économie et la finance doivent être au service de l'homme et pas le contraire. L'être humain ne doit jamais accepter d'être transformé en un outil, en une ressource malléable et corvéable, en un bouquet de compétences. L'homme ne doit pas être utilisé pour servir une idée du monde ; il doit conserver toutes ses capacités pour créer un monde libre pour ses frères et sœurs humains. L'homme doit entretenir et défendre sa liberté pour sans cesse mieux servir l'homme et, quand sa famille ne peut pas le lui offrir, c'est dans les écoles qu'il doit apprendre cela dès son plus jeune âge.

Les professeurs sont des passeurs de lumière qui transmettent les savoirs et les expériences nécessaires à la construction du monde libre de demain. Ils doivent refuser de se laisser piéger par ceux qui veulent les réduire à être des formateurs utiles, des esclaves subventionnés. Les écoles n'ont pas à créer de retour sur investissement financièrement mesurable : elles doivent demeurer des lieux où l'on apprend sans cesse à renouveler la liberté et où l'on donne à chacun les moyens de s'épanouir et de vivre dans une société solidaire et démocratique.

Annexe

Les profs au feu et l'école au milieu
a ouvert le débat en septembre 2013.

Des milliers de réactions dans la presse
et sur les réseaux sociaux.

Quelques extraits sucrés et salés...

F.J. Le livre incendiaire de Frank Andriat a fait monter la température de quelques degrés dans un paysage de rentrée scolaire ordinairement plus frais et moins agité.

D.L. Toutes mes félicitations pour ton bouquin à propos de notre enseignement. Il fallait avoir des c...

C.W. On en arriverait même à se demander si après *Vocation prof*, notre gentil prof n'a pas trouvé rentable de jouer au martyr de la profession en fédérant les rouspétances glanées çà et là. Si c'est le cas, cela semble réussi.

M.G. Je craignais le pire après avoir lu *Le Vif*. J'en ai eu pour mes dix euros avec ce galimatias de vieux prof jeunet en colère, à l'éternel sourire béat.

P.D. Le monde (pas seulement celui de l'enseignement) est coaché par les psychologues, pédagogues et « consultants » de tout poil. Merci à toi d'avoir osé écrire ce que nous pensons tous depuis belle lurette.

M.S. J'ai lu d'une traite votre dernier livre et je ne peux que vous féliciter pour ce « pamphlet de salut public » qui devrait être remboursé, sinon par la sécurité sociale, par les syndicats enseignants.

M.D. Je vous remercie vivement de jouer ce rôle de « lanceur d'alerte ». Tirer les foules de leur torpeur n'est pas chose aisée et on risque bien sûr de s'exposer à la critique.

G.C. Il est aussi salutaire de lire votre livre que d'ouvrir la fenêtre pour faire entrer l'air pur dans la pièce.

P.P. Et si vous deveniez ministre de l'Enseignement ? Dites-moi sur quelle liste électorale et je vous ferai de la pub ;-)

M.D. Pourquoi tant de haine ? (...) Et aussi peu d'arguments ?

E.E. Une vision caricaturale des pédagogues et responsables politiques.

M.A. Des raccourcis déplacés.

J.R. Votre livre a permis à beaucoup d'enseignants de réaliser qu'ils ne sont pas seuls à penser tout bas ce que vous avez clamé haut et fort. C'est, d'après moi, une réalisation majeure dans une FWB cadenassée par tant d'interdits communicationnels. Tant qu'on n'appellera pas un chat, un chat, un débat scientifique et serein ne pourra avoir lieu. Pour cela, je voudrais vous remercier de tout cœur.

J-F.P. Je ne vois pas très bien ce que ce livre peut apporter de positif. Il semble enfoncer des portes ouvertes... et ne s'applique pas exclusivement à l'école... Encore un nostalgique du bon vieux temps. Pas envie de lire son bouquin-business !

F.S. Je ne suis pas enseignante, Dieu merci !

L.O. Ce monsieur a tout à fait raison.

A.O. Enseignant retraité et avant cela « résistant » discret et obstiné, pendant des années, aux excès de la méthodologie prônée par la Direction générale des Études, je suis heureux de voir qu'un passionné d'enseignement comme M. Andriat publie ses doutes, ses reproches, sa colère.

B.W. Ce livre – ce pamphlet – pèche parfois par manque de nuances et mélange les genres : ce qu'il impute aux programmes ne sont parfois que des évolutions sociétales.

L.J. De tout cœur, merci, Monsieur Andriat, d'ouvrir les yeux à tout un chacun sur la partie cachée de l'iceberg sur lequel est bâti notre enseignement actuel, sur sa fonte rapide et sa dérive inexorable !

J.F. Dans les rayons de la Fnac, j'ai trouvé vingt-cinq exemplaires de ce livre qui prédit l'apocalypse mais ne propose aucune solution. Philippe Meirieu et Bernard Rey, deux véritables spécialistes des sciences de l'éducation n'ont respectivement droit qu'à un et quatre exemplaires en rayon.

J.E. Ton texte est couillu, rondement mené et avec qualités. Du Saint-Simon moderne.

J.B. J'ai lu votre livre avec... consternation. Comment travailler dans ces conditions ? Quel non-avenir pour nos enfants !

N.D. Pour sa rentrée, il ne s'est pas fait que des copains dans la cour.

A-M.M. J'espère sincèrement que votre livre sera lu par de nombreux « non-profs » car il reflète une situation que tous devraient connaître.

B.D. Monsieur le futur ministre, apportez enfin en 2014 des idées géniales, novatrices pour que notre enseignement redevienne notre fierté. Redonnez, aux élèves comme aux enseignants, le goût de l'effort pour que les hommes de demain ne se complaisent plus dans leur statut d'« assistés » mais qu'ils retrouvent la fierté d'aller chaque jour au boulot la tête haute.

Références

Ne sont cités ici que les livres dont des extraits sont publiés dans cet ouvrage :

David **ENGELS**, *Le Déclin. La Crise de l'Union européenne et la chute de la République romaine*, Éditions du Toucan, Paris, 2013.

Albert **JACQUARD**, *J'accuse l'économie triomphante*, Le livre de Poche, Paris, 2000.

Pierre **RABHI**, *Vers la sobriété heureuse*, Babel, Actes Sud, Arles, 2013.

Jean-Jacques **ROUSSEAU**, *Émile ou de l'Éducation*, Garnier-Flammarion, Paris, 1966.

Eckhart **TOLLE**, *L'Art du calme intérieur*, J'ai Lu, Paris, 2011.

Roland **URBAIN**, *À la recherche du sens*, EME, Fernelmont, 2013.

Il est aussi intéressant de découvrir
les articles publiés dans
SLOW CLASSES (www.slowclasses.com)

Remerciements

Je remercie chaleureusement celles et ceux qui, par leurs encouragements, par leurs questions, par leurs multiples témoignages, mais aussi par leurs critiques m'ont donné envie d'écrire ce livre. Ils sont si nombreux que je ne peux pas les nommer tous. Merci aussi aux amis proches qui ont relu ce texte avec attention, rigueur et esprit critique : sans vous, ce livre ne serait pas ce qu'il est devenu.

Table des matières

DU MÊME AUTEUR

Chez le même éditeur

L'ARBRE À FRITES, 2011.
BART CHEZ LES FLAMANDS, 2012.
LES PROFS AU FEU ET L'ÉCOLE AU MILIEU, 2013.

Chez Desclée de Brouwer

AVEC L'INTIME, 2009.
PONT DÉSERT, 2010.
REÇOIS ET MARCHE, 2011.
JOLIE LIBRAIRE DANS LA LUMIÈRE, 2012.
LE VIEIL ENFANT, 2014.

Chez Grasset-Jeunesse

DEPUIS TA MORT, 2004.
MON PIRE AMI, 2006.
VOLEUR DE VIES, 2008.
À MOITIÉ VIDE, 2009.
JE VOUDR@IS QUE TU..., 2011.

Chez Ker éditions

LES AVENTURES DE BOB TARLOUZE,
Arrête ton baratin, 2013.
Mise en scène, 2014.

Chez Marabout

CLÉS POUR LA PAIX INTÉRIEURE, 2014.

Chez Mijade

LA REMPLAÇANTE, 1996.
RUE JOSAPHAT, 1999.
ADO BLUES, 2002.
MONSIEUR BONHEUR, 2003.
LA DOUCE ODEUR DES POMMES, 2003.
VIDÉO POISSE, 2007.
LE COUPABLE RÊVÉ, avec André-Paul Duchâteau, 2007.
TABOU, 2008.
JOURNAL DE JAMILA, 2008.
L'AMOUR À BOIRE, 2008.
AURORE BARBARE, 2008.
ROSE BONBON, NOIR GOUDRON, 2009.
ROSE AFGHANE, 2012.
LA FORÊT PLÉNITUDE, 2013.
LE STYLO, 2014.
JE T'ENVERRAI DES FLEURS DE DAMAS, 2014.

www.andriat.fr

Vous avez apprécié la lecture de cet ouvrage
et souhaitez découvrir le premier opus
sur le même sujet ?

Procurez-vous *Les profs au feu et l'école au milieu* chez votre libraire ou via le lien
http://bit.ly/1nZKWdQ

ACHEVÉ D'IMPRIMER EN AOÛT 2014
SUR LES PRESSES DE L'IMPRIMERIE V.D. (TEMSE)